KB167682

오늘도
시작하지 못하는
당신을 위해

오늘도 시작하지 못하는 당신을 위해

초판 1쇄 발행 2022년 7월 20일
초판 3쇄 발행 2023년 12월 27일

지은이 윤닥

펴낸이 조기흠
책임편집 이한결 / **기획편집** 이수동, 최진, 김혜성, 박소현
마케팅 박태규, 김선영, 홍태형, 임은희, 김예인 / **제작** 박성우, 김정우
교정교열 박햇님 / **디자인** room501

펴낸곳 한빛비즈(주) / **주소** 서울시 서대문구 연희로2길 62 4층
전화 02-325-5506 / **팩스** 02-326-1566
등록 2008년 1월 14일 제 25100-2017-000062호

ISBN 979-11-5784-594-1 03810

이 책에 대한 의견이나 오탈자 및 잘못된 내용에 대한 수정 정보는 한빛비즈의 홈페이지나
이메일(hanbitbiz@hanbit.co.kr)로 알려주십시오. 잘못된 책은 구입하신 서점에서 교환해드립니다.
책값은 뒤표지에 표시되어 있습니다.

⌂ hanbitbiz.com facebook.com/hanbitbiz post.naver.com/hanbit_biz
 youtube.com/한빛비즈 instagram.com/hanbitbiz

Published by Hanbit Biz, Inc. Printed in Korea
Copyright ⓒ 2022 윤닥 & Hanbit Biz, Inc.
이 책의 저작권은 윤닥과 한빛비즈(주)에 있습니다.
저작권법에 의해 보호를 받는 저작물이므로 무단 복제 및 무단 전재를 금합니다.

지금 하지 않으면 할 수 없는 일이 있습니다.
책으로 펴내고 싶은 아이디어나 원고를 메일(hanbitbiz@hanbit.co.kr)로 보내주세요.
한빛비즈는 여러분의 소중한 경험과 지식을 기다리고 있습니다.

윤닥 지음

오늘도
시작하지 못하는
당신을 위해

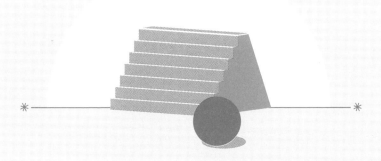

잘하고 싶어 시작을 망설이는

세상의 모든 완벽주의자들을 위한

진짜 완벽주의 활용법

HB 한빛비즈
Hanbit Biz, Inc.

‘완벽’이라는 단어는 나와 관계가 없다고 생각했다. 나 자신도 완벽하지 않았고 주변에는 늘 나보다 더 완벽한 사람들이 많았기 때문이다. 학창 시절만 해도 늘 열심히 공부했지만 내가 ‘최고’였던 적은 많지 않다. 내 주변은 언제나 완벽해 보이는 친구, 선배들로 가득했다. 그럴수록 나는 더 작아졌다. 그러다 보니 중요한 순간에 긴장하는 일이 종종 있었고 결과는 들인 노력에 비해 아쉬웠다. 더 철저히 준비하려 애쓸수록 나는 점점 ‘완벽한 결과’와 멀어졌다. 그때는 내 노력이나 능력이 부족했기 때문이라 생각했다.

더 열심히 살아야 한다고 생각했다. 정신건강의학과 전문의로 대학병원에 소속되었을 때 교수로 근무하며 연구, 학생 지도에 파묻혀 지냈다. 밤에는 대중들을 위한 책을 썼다. 말로는 "완벽까지는 바라지 않아."라고 했지만, 사실은 그 모든 과정이 완벽하고 싶은 내 노력이자 발버둥이었다. 진료실에서 만난 환자들에게는 "휴식이 가장 중요해요."라고 말하면서 정작 나는 스스로 채찍질하기에 바빴고, 잠시 멈추거나 쉬는 과정도 허용하지 못했다. 그렇게 완벽주의로 좌절하고 불안을 겪고 지쳐가면서도 꽤 오랫동안 그 원인을 몰랐다.

나는 완벽주의자였다. 발표 불안, 무대 공포증을 다룬 인지행동 치료 서적 《나는 왜 남들 앞에만 서면 떨릴까》를 출간하면서 많은 이들이 더는 불안감 때문에 무대에서 도망치지 않도록, 자신감을 되찾도록 도울 수 있었다. 하지만 그럴수록 불안이 해결되지 않은 사람들에게 더 관심을 갖게 되었고 그들의 완벽주의를 마주했다. 그 뿐만 아니라 공황장애, 강박장애, 식이장애, 번아웃 등을 심층적으로 상담하면서 깊은 뿌리가 보이기 시작했다. 이들이 진료실을 찾는 이유는 완벽주의가 아닌 다른 문제 때문이었지만 떨림, 불안, 긴장을 발현시키는 핵심은 결국 '완벽주의'였다. 정신건강의학과 의사인 나도 이렇게 돌고 돌아 완벽주의를 만나게 되었는데 사람들은 오죽할까. 사람들 대부분은 완벽주의가 심리적 어려움을 만들어 낸다는 사실을 생소해했다.

연구 및 책, 논문 주제를 '완벽주의'로 잡은 덕분에 나는 정말 다양한 완벽주의자들을 만날 수 있었다. 그리고 이들을 치료하며 더 많은 것들을 배웠다. 완벽주의자들은 성향상 평생에 걸쳐 자신에 대해 수없이 고민해온 이들이 많다. 그만큼 치료에 방어적이다. 대체로 이들은 '완벽하려고 지나치게 애쓰지 않아도 괜찮다'는 사실을 머리로는 충분히 알고 있고, 문제의 원인도 이해한다. 하지만 변화할 방법을 알지 못해 답답하다고들 한다. 이들에게 인지행동 치료로 접근해 함께 노력하다 보면 바뀔 수 있다는 사실을 절감했다.

국내외 선행 연구 결과로도 이미 짐작할 수 있지만 인지행동 치료는 완벽주의를 조절하는 데 매우 효과적이다. 더 많은 이들에게 이 내용과 방법론적인 부분을 전하고 싶어서 이렇게 책을 쓰게 되었다. '완벽하지 않아도 괜찮다'는 단순한 위로를 전하고 싶었다면 이렇게 책까지 쓰지는 않았을 것이다. 그보다 수많은 완벽주의자들이 자신이 겪은 심리적 문제와 그 근원에 다가갈 수 있기를 바랐다. 자신의 완벽주의 성향을 잘 알면서도 변할 수 없다고 단정 짓는 이들에게 더 적확한 방법을 일러주고 싶었다.

완벽하고 싶지만 그렇지 못해 답답하다는 사람들, 고투하며 애쓰다가 결국 마음을 다치고 마는 사람들이 이 책을 읽어줬으면 한다. 이 책의 내용을 통해 자신의 마음을 이해하고 바꿔보기를 결심했으면 좋겠다. 물론 책에 적은 내용은 결코 쉬운 길도, 질러가는 길도 아니다. 하지만 정확한 방향을 제시하고 있다는 점만은 알아주길 바란다. 독자들은 약간의 시간과 용기만 내주면 된다. 이 책을 끝까지 읽을 시간, 자신의 완벽주의와 마주할 용기 말이다.

'내용에 관심은 가지만, 나중에 시간을 따로 내서 읽어야지' 하고 생각하는 독자가 있다면 그에게 가장 필요한 책이 될 것이다. 그렇다고 이 책을 꼭꼭 씹어먹듯 완벽히 읽고, 지금 당장 모든 것을 바꿔야겠다며 자기를 압박하지는 말자. '아, 나도 변할 수 있겠구나'라는 긍정적인 기분이 들었다면 그것으로 충분하다.

2022년 6월

윤닥

프롤로그   04

1장 완벽주의자의 탄생

✳

✳ **당신은 완벽주의자인가요?**   17

• 저는 완벽주의자가 아니에요   18

• 이론 속 완벽주의자 유형   22

✳ **우리는 어쩌면 대부분 완벽주의자**   25

• 생활 속 완벽주의자 유형   27

: 회피형 완벽주의자   28

: 감독형 완벽주의자   31

: 자책형 완벽주의자   34

: 안정형 완벽주의자   37

* 생활 속 완벽주의 유형 체크 리스트   40

2장 완벽주의, 스스로 만든 정신적 감옥

❀ 우리는 모두 완벽을 강요당한다   45

• 성과주의 문화가 낳은 괴물   46

• 1등이 되면 고민은 끝이라는 착각   49

• 온라인 세상으로 맞이한 또 다른 완벽주의   51

• 불안과 우울, 그 너머에 있는 마음   55

❀ 완벽주의자가 빠지기 쉬운   58
   네 가지 함정

• 지금 당장 버려야 할 완벽주의 생각 습관   60

: 당위성(should)의 오류   62

: 흑백논리의 오류   63

: 과잉(지나친) 일반화   65

: 재앙화(파국화) 사고   67

3장 완벽주의 성향이 높은 편입니다

☕ **완벽주의가 삶에 지장을 주려 할 때**　　73

• 완벽주의 성향을 파악하는 척도　　75

• 완벽주의자의 성격　　77

• 나는 이만하면 괜찮은 완벽주의자?　　81

☕ **완벽주의 늪에 빠진 사람들**　　85

• 양육 환경으로 완벽주의가 대물림된다　　86

• 평가에 민감한 사람들　　89

• 타인의 인정이 삶의 목표가 될 수는 없다　　91

☕ **완벽하려는 강박이 불러오는 이상 증세**　　94

• 완벽주의자가 감정을 대하는 방식　　95

• 완벽주의자를 누르고 있는 감정들　　98

: **죄책감과 수치심**　　99

: **걱정과 불안**　　100

: **우울과 슬픔**　　102

• 완벽주의가 낳은 질병들　　104

: **강박장애**　　105

: **섭식장애**　　108

: **번아웃**　　111

: **무대 공포증**　　115

4장 완벽주의의 균형을 찾아서

❋ 완벽주의라는 허상   123
- 낮은 완벽주의, 높은 성취감   124
- 완벽주의자에게 진짜 필요한 능력   126

❋ 서로가 서로를 도울 수 있다   130
- 완벽주의자가 쉽게 우울해지는 이유   131
- 완벽주의자를 둘러싼 관계 재조명   133
: 부모와 자녀   133
: 부부 혹은 연인   138
: 리더와 조직원   141

5장 완벽주의 극복 5주 프로그램

✳

✳ **1주차: 인정하라**   149
- 성과를 가로막는 진짜 장애물을 파악하라   151
- 인정하는 연습, 나는 완벽주의자입니다   154

✳ **2주차: 기준을 바꾸라**   159
- 완벽주의자들의 비현실적인 기준   160
- 기준을 바꾸는 연습   164

✳ **3주차: 두려움의 뿌리를 찾아라**   169
- 부정적인 감정 들여다보기   171
- 혼자서 자동적 사고를 찾아보고 싶을 때   172

✳ **4주차: 실수에 대한 두려움을 버리고 계속 시도하기**   176
- 실수를 두려워하지 않는 사람은 없다   177
- 실수를 기회로 바꾸는 방법   180

✳ **5주차: 완벽하지 않아서 행복한 사람들**   184
- 완벽주의를 조절하는 현실적인 기법   185
- 내 안의 안정형 완벽주의를 키우자   188

6장 완벽을 내려놓고 완벽에 가까워진 사람들

❋ 행복한 똑똑이가 되는 진짜 비결　195
● 진짜 필요한 능력, 자기 효능감　196
● 타인이 아닌 자신을 위한 노력　198

❋ 두 마리 토끼를 모두 잡으려면　201
● 역할 과부하에 시달리는 엄마들　202
● 버거운 말을 거절하는 연습　204

❋ 유니콘 기업의 건강한 조직 문화　208
● 조직이 개인 퍼포먼스를 돕는 이유　209
● 완벽하지 않은 조직문화의 가치　212

❋ 운동선수도 피할 수 없는 완벽주의　216
● 운동의 흐름을 방해하는 큰 위기, 입스　217
● 심리적 불안이 일으킨 신체적 증상　219
● 맹목적인 경쟁심에 사로잡히지 않으려면　221

에필로그　224
주　228
부록 완벽주의 극복 5주 프로그램 워크북　232

1장 완벽주의자의 탄생

당신은 완벽주의자인가요?

환자를 진료할 때 나는 '북 처방bibliotherapy' 차원에서 각자에게 도움이 될 만한 심리 서적을 추천하곤 한다. 그런데 완벽주의 성향이 강한 사람들에게 책을 추천할 초반만 해도 그들 반응에 놀랄 때가 많았다. 대부분이 상당히 열정적으로 책을 읽었기 때문이다. 밑줄을 그어가며 정독하는 것은 물론이고, 상담 때마다 내게 질문을 쏟아냈다. 책을 열심히 읽고 자기 삶에 대입해보고 어려움을 상담하는 모습이라니 책을 처방한 의사에게 이보다 더 반가운 반응이 어디 있겠는가.

하지만 또 다른 부류의 완벽주의자들도 있다. 아예 책을 읽지 못했다는 사람들이다. "시간이 없어서 못 읽었어요. 저는 시작한 책은 한 번에 끝을 봐야 하거든요." 이와 비슷한 말을 하는 사람들이다. 책을 읽으려면 시간을 빼야 하는데, 그럴 시간이 없다고 한다. 그들에게 시간이 없다는 것은 책을 한 쪽이라도 읽을 여유가 없다는 것이 아니라 한 권을 완독할 시간이 없다는 의미다. 심리 도서 내용을 완전히 다 소화하며 읽지 못할 바에야 시작도 하지 않겠다는 것이다. 이런 사람들은 어떤 일을 시작하면 완벽히 해내야 한다는 압박감을 크게 느끼기 때문에, 무언가를 시작할 엄두조차 내지 않는다. 주변 사람들은 그를 게으르게 보기도 하고, 간혹 답답하다 느끼기도 한다.

☕ 저는 완벽주의자가 아니에요

사실 완벽주의 때문에 진료실 문을 두드리는 사례는 많지 않다. 다른 심리적인 문제로 병원을 찾았다가 결국 그 원인이 내면에 자리 잡고 있던 완벽주의 때문임을 알아차리는 경우가 더 흔하다. 하지만 내가 환자들에게 현재 경험하고 있는 심리 문제의 원인이 '완벽주의'에서 기인한 것이라 이야기하면 환자들은 십중팔구 이렇게 반응한다.

"선생님, 저는 완벽주의자가 아닌데요? 저는 그렇게 철두철미하고 목표가 높은 사람이 아니에요."

하지만 바로 이 지점에서 문제가 발생한다. 많은 이들이 '완벽주의자'라 하면 모든 면에서 뛰어난, 실수 하나 없는 사람을 떠올린다. 또한 어마어마한 목표를 세우고 이를 성취하고자 피도 눈물도 없이 매진하는 사람을 떠올리기도 한다. 하지만 이러한 오해로 결국 자신이 겪고 있는 문제에 제대로 다가가지 못하고 해결책도 마련할 수 없게 되는 것이다.

시험을 앞두고 딱히 의욕도 없고 공부도 못하겠다는 A군도 이 경우였다. 그는 부모님 손에 이끌려 나와 만나게 된 친구다. 학구열이 높은 강남구 대치동에서 태어나 자랐고, 어머니 또한 교육에 꽤 열정적이었다. 덕분에 일찍부터 선행학습을 받았지만 어쩐 일인지 주도적으로 공부하는 스타일은 아니었다. 자신이 좋아하는 게임이나 코딩 분야에서는 뛰어난 집중력을 보였지만 막상 책상 앞에 앉아 공부해야 하는 순간에는 늘 산만하고 미루려는 경향이 강했다.

재빨리 행동하지 않는 사람들은 그 일에 욕심도 없고, 스트레스도 받지 않을 것 같지만 사실 그렇지 않다. A군도 학교나 학원에서 만나는 친구들에게 뒤처지는 일을 끔찍이 싫어해 늘 압박에 시달렸다. 게다가 학교 선생님과 부모님이 자기를 어떻게 생각할지 걱정하는 마음도 컸다. 그런데도 열심히 준비하지 않는, 정확히는 아예 시험이나 공부를 피하는 모습을 자주 보였다. 물론 뒤늦게 공부를 시작하긴 했다. 하지만 미뤄둔 일을 한꺼번에 하려니 스스로도 성에 차지 않았을 것이다. 공부를 안 하면서도 항상 마음이 불편했고 시험 결과에 쉽게 예민해졌으며, 자신이 받은 점수에 만족하기가 더 어려웠다. 이처럼 잘해야 한다는 마음이 너무 크면 어떻게 해야 할지 막막해서 시작도 못 하는 경우가 더러 있다. 이런 사람들은 당연히 스스로 '완벽주의자'가 아니라고 생각한다.

완벽주의자라고 해서 언제나 솔선수범에 결과로 자신을 증명하는 부류만 있는 것은 아니다. A군처럼 실수나 실패를 두려워해 압박을 느끼면서도 앞에 놓인 문제를 회피하는 패턴을 보이는 유형도 있다. 이를 '게으른 완벽주의자'로 정의할 수 있겠다. 하지만 이런 유형이 절대 좋은 결과를 내지 못하느냐 묻는다면 꼭 그렇지도 않다.

웹툰 작가이자 현재 유튜버 '침착맨'으로 활동 중인 이말년 작가는 예능 프로그램에 출연해 "웹툰 그리는 일보다 유튜브 생방송이 편한 길인 것 같다."고 말한 바 있다. 이 모습을 보면 언뜻 느긋하고 매사 자신을 옥죄지 않은 채 살아가는 시원시원한 성격인 것 같다. 하지만 "주변 기대에 부응해서 다시 주제를 정하고 한 땀 한 땀 그림 그릴 생각을 하니 막막해서 현재 웹툰을 그리지 못하고 있다."는 그의 대답을 들으며, 나는 그가 혹시 '게으른 완벽주의자' 유형에 속하는 게 아닐까 짐작했다.

그렇다고 해서 그가 자기 삶에 집중하지 못하거나 눈에 보이는 성과를 이루지 못했느냐 하면 그렇지 않다. 인기 웹툰 작가라는 타이틀에 부담을 느껴 막상 그림을 그리지 못하는 모습은 '게으른 완벽주의자' 모습에 해당된다. 하지만 유튜브 방송인으로서 그는 현실적인 목표 설정과 함께 과도한 기대는 내려놓은 채 편하게 활동하며 매우 안정적인 모습을 보였다. 그 덕에 다양한 운영 방식을 지속적으로 시도하며 채널을 성장시킬 수 있었던 게 아닐까.

실제로 완벽주의는 자신을 끊임없이 괴롭히며 불안에 몰아넣기도 하지만, 한편으로는 우리를 승리의 주역으로 만든다. 결국 이 감정을 잘 조절하면 비현실적인 완벽주의자가 아닌, 시간과 능력을 잘 배분하고 삶을 효율적으로 운용하는 진정한 완벽주의자로 거듭날 수 있다는 얘기다. 그러려면 완벽주의가 정확히 무엇인지, 나는 어떤 완벽주의 유형에 속해 스스로를 괴롭히고 있는지를 정확히 알아둘 필요가 있다.

☀ 이론 속 완벽주의자 유형

오래전부터 많은 연구자들이 완벽주의를 정의해왔다. 기본적으로 완벽을 추구하는 게 완벽주의자의 공통된 특성이지만, 사실 이들을 타당하게 정의할 수 있는 개념은 아직 없는 상태다. 완벽주의의 긍정적인 측면이 조금씩 알려지기 시작한 건 1990년대 이후에 들어서고 난 뒤이다. 미국의 심리학자 프로스트R.O. Frost 교수 연구팀이 임상 경험과 문헌 조사로 완벽주의의 공통된 특징을 여섯 가지로 분류(다차원적 완벽주의 척도Frost Multidimentional Perfectionism Scale: FMPS[1])했는데, 이때 긍정성이 일부 인정됐다.

캐나다의 저명 완벽주의 연구자 휴잇P. L. Hewitt과 플렛G. L. Flett은 완벽주의 성향이 개인이 아니라 타인 혹은 사회로 인해 부과될 수 있음을 밝혀냈다. 완벽주의가 한 개인의 순수한 내적 동기라고 생각하는 사람들이 있을 수 있다. 하지만 이것도 반은 맞고 반은 틀린 얘기다. 높은 기준과 목표를 세우고 결과를 쟁취했을 때 카타르시스를 느끼는 게 흔히 생각하는 완벽주의자의 모습이지만, 이들 마음속은 생각보다 복잡하고 다차원적이다. 이를 분석한 게 바로 휴잇과 플렛이다. 이들은 프로스트의 다차원적 완벽주의 척도를 활용해 완벽주의를 세 가지 유형으로 분류했다.[2]

하나는 우리가 흔히 생각하는 모습, 자기지향적 완벽주의selforiented perfectionism다. 이들은 자신에게 높은 기준을 세우고 엄격하게 행동하고 평가하며 완벽함을 얻으려 노력한다. 물론 이 노력이 자신감, 성취감을 높이면 삶을 긍정적인 방향으로 이끌기도 한다. 하지만 지나치게 엄격한 평가, 작은 실패를 확대 해석하는 태도로 발전하면 결국 우울, 불안, 낮은 자존감을 낳는다. 때로는 자신의 성취에 자아도취해 주변 사람들을 이해하지 못하기도 한다. 그래도 다른 완벽주의 유형과 비교하면 장점이 많은 편이다. 무엇보다 타인이나 사회가 정한 기준보다 자신이 진정 바라는 목표나 기준이 늘 우선이기 때문이다. 그래서 목표나 기준을 따라 나아가다 보면 결국 성장에 다다른다. 그들의 이런 확고한 가치관은 외부 자격에 좀처럼 흔들리지 않는다.

두 번째 분류인 타인지향적 완벽주의other-oriented perfectionism는 리더십을 발휘할 때 긍정적인 부분이 있다. 자기뿐 아니라 다른 사람에게 높은 기준을 부과해 그들의 수행을 평가하는 특성이기 때문이다. 하지만 이게 지나칠 경우, 다른 사람들에게 심리적 고통을 안길 수 있다. 타인지향적 완벽주의자는 자신의 완벽주의 때문에 주변 사람들이 우울 및 불안에 빠졌다는 사실을 눈치채지 못한다. 가족 또는 조직에 속한 타인과 관계가 틀어졌는데, 그 원인을 몰라 진료실을 찾는다. '나는 최선을 다하고 있는데 왜 아무도 이해해 주지 않지?'라며 대인관계를 고민하고 있다면 내가 누군가에게 완벽주의를 강요하고 있는 것은 아닌지 한 번쯤 돌아볼 필요가 있다.

마지막 사회부과적 완벽주의socially prescribed perfectionism는 '내가 완벽해야만 부모나 사회로부터 인정받을 수 있다'는 생각 때문에 생겨난다. 내게 너무도 중요한 타인이 있는데, 그들이 자신에게 늘 과한 기대와 기준을 들이댈 때 이 사람들을 만족시켜야 한다는 강박을 갖게 되는 것이다. 사회부과적 완벽주의자는 늘 타인의 기대를 만족시키지 못할까 걱정한다. 정신 건강 측면에서 볼 때는 이런 유형의 완벽주의자가 가장 위태롭다. 실제로 많은 연구에서 사회부과적 완벽주의자가 고독감, 수줍음, 부정적 평가에 대한 두려움, 낮은 사회적 자존감, 우울감, 불안 등의 정신 건강 문제를 경험할 가능성이 크다고 밝히고 있다. 특히 경쟁이 심한 환경에서 성장한 사람들은 자신도 모르는 사이, 사회부과적 완벽주의의 늪에 빠질 수 있다.

우리는 어쩌면 대부분 완벽주의자

　언젠가 포털에서 재미있는 기사를 본 적이 있다. 2011년 한국에 부임한 외교관 콜린 그레이 씨의 칼럼(2013년 1월 20일)이었다. 그는 한국인 대부분이 완벽주의에 시달리는 게 아닌가 생각하는 듯했다. 직장 동료 중 누군가는 시험 결과로 B⁺를 받고도 "더 잘해야 돼요."라며 굳은 표정이 되었고, 대사관에서 함께 근무한 적 있는 인턴은 다국적 기업에 합격하고도 평균 학점을 높이고자 재수강을 결정하며 입사를 포기했다는 것이다. 우리나라는 경제협력개발기구OECD 통계 결과 세계에서 문맹률이 가장 낮은 국가로 위상을 떨치지만 동시에 세계에서 가장 불행한 학생이 많은 나라로 꼽힌다. 콜린 그레이 씨는 한국 문화 전반에 깔린

'완벽주의' 강요와 이 때문에 늘 무리하며 강행군을 이어가는 우리나라 사람들을 염려했다.

이 칼럼만이 아니라 실제로 완벽주의를 연구하는 학자들 역시 지나치게 높은 기준, 실수 등으로 크게 불안해하는 사람들에 주목하곤 한다. 과거 직장인 포털 사이트에서 조사한 결과를 실은 기사(2016년 11월 3일)만 봐도 실제로 많은 학생, 직장인이 타인과의 경쟁에서 더 잘하기 위해 몸부림하고 있다는 사실을 발견할 수 있다. 이런 압박을 느낀다고 답한 직장인은 설문 응답자 중 90퍼센트나 됐다. 어쩌면 우리는 자의 반, 타의 반으로 '완벽주의를 추구하는 건 당연하다'는 쪽으로 기운 채 살아가고 있는지도 모른다.

하지만 정작 사회에서 우리가 우러러보는 거장들은 조금 다른 태도를 보인다. 은하 한가운데에 질량이 태양 400만 배에 달하는 초대형 블랙홀이 존재한다는 사실을 밝혀내 2020년도 노벨 물리학상을 받은 캘리포니아대학교 로스엔젤레스 캠퍼스UCLA 앤드리아 게즈Andrea Ghez 교수는 과학자를 꿈꾸는 학생들에게 종종 이렇게 조언한다고 한다. "실패를 즐기고 완벽주의를 버리세요."

과학을 일상생활에 적용하려면 상상력을 키워야 하는데, 과학 연구와 실험은 결국 실패의 연속이라는 것이다. 하지만 실패한 실험에서도 분명 배울 점이 있다. 실패했던 부분을 살피고 조금 다른 방식으로 다시 연구하고 또 연구하다 보면 우리는 언젠가 과학적 사실에 접근하게 된다.

✽ 생활 속 완벽주의자 유형

부족함을 채우려 노력하는 모습은 분명 아름답다. 하지만 완벽주의를 연구하는 학자들이 입을 모아 강조한다. 지나친 완벽주의는 오히려 정신 건강에 '독'이 될 수 있다고, 삶을 불행하게 할 수 있다고 말이다. '지피지기 백전불태'라고 했다. 상대를 알고 나를 알면 백 번 싸워도 위태롭지 않다. 그런 의미에서 우리는 삶에서 자주 목격할 수 있는 실질적인 완벽주의 유형을 미리 인지할 필요가 있다.

앞서 문헌으로 분류한 완벽주의 유형을 참고하며 현실 속에서 완벽주의자가 어떤 모습으로 살아가고 있는지를 이해할 필요가 있다. 그래야만 내가 가진 완벽주의의 부정적인 면과 긍정적인 면을 정확히 알 수 있다. 또한 앞으로 과정과 결과에 깨끗이 승복하고 만족하며 나아가는 성장형 완벽주의자가 될 수 있다. 다만 우리가 분류하는 유형이 절대적인 것은 아니며, 한 사람이 여러 유형의 완벽주의를 가지고 있을 수 있음을 유의하자.

한 예로 공황 발작 증상을 보여 내원한 오십 대 환자 B씨가 그러했다. 그는 누가 봐도 엘리트 코스를 밟은 인재 중의 인재다. 내로라하는 해외 대학에서 학사, 석박사 과정을 모두 마쳤고, 한국으로 돌아와서는 이름만 들어도 모두 알 법한 국내 유수 기업의 연구소 팀장으로 취직했다. 은퇴를 7년 앞둔 최근까지 열심히 일했지만, 그는 현재 상황에 그다지 자부심을 느끼지 못했다. 근무하는 5년 동안 '내가 겨우 이런 직장에서 일하다니'라는 생각을 종종 했고, 같이 일하는 팀원들이나 회사 시스템에도 좀처럼 만족하지 못했다. 이러한 실망감과 답답함이 지속되면서 결국 공황 발작을 일으켰다. 그는 감독형 완벽주의와 안정형 완벽주의 성향을 동시에 가지고 있는 것으로 보였다. 이렇게 다양한 완벽주의 유형이 내 안에 존재할 수 있다는 사실을 깨달으면 앞으로 지향해야 할 완벽주의 방향성을 더 잘 그려나갈 수 있다.

잠깐만요, 아직 시작할 수 없어요
회피형 완벽주의자

흔히 사람들은 완벽주의자라 하면 촌음을 아껴 쓰며 부지런할 것이라 예상한다. 그러나 우리 예상과 달리 오히려 일을 미루거나 아예 시작하지 못하는 회피형(게으른) 완벽주의자도 많다. 부모나 주변 사람들은 이 유형의 사람들이 아무런 열정이 없으며 세상에서 가장 태평하다고 생각한다. 그리고 그들의 미래를 심히 걱정한다. 하지만 이들 내면은 사실 두려움과 불안으로 가득하다. 그들이 일을 미루거나 쉽게 시작하지 못하는 것도 이러한 감정 때문이다. 회피형 완벽주의자는 무언가를 완벽하게 해내지 못할까 두려워 모든 선택을 망설이고 미룬다. 불안을 피하려고 미루면서도 주변에서 보듯 마음 편히 쉬고 있는 건 절대 아니다. 그들은 늘 불편함 속에 있기에 쉬어도 쉬는 게 아니라고 봐야 한다.

특히 이십 대 사회 초년생이나 학생들에게서 이러한 유형을 자주 발견할 수 있는데, 이들은 미래를 막막하게 생각하고 답답함을 느껴 뭐부터 시작해야 할지 몰라 미루는 경우가 많다. 이를 지연행동procrastination이라 하는데, 완벽주의자들에게서 흔히 볼 수 있는 패턴[3]이기도 하다. 지연행동이 학업 영역에서 나타나면 이를 '학업 지연행동'이라 하며, 실제로 완벽주의를 추구하는 많은 이들이 동일한 곤란을 겪는다. 회피형 완벽주의자가 시작을 망설이는 이유는 뭔가를 해야 한다는 마음이 없어서도 방법을 몰라서도 아닌 셈이다.

내가 인지행동 치료를 담당했던 취준생 C씨도 그랬다. C씨는 주변 친구들과 자신을 끊임없이 비교하면서 불안감만 키우고 있었다. 스물여섯, 어떤 친구는 취직해서 사원 딱지를 뗐고, 개중에는 돈을 모아 곧 결혼을 하는 친구도 있었다. C씨는 자신을 돌아보면 '여태 아무것도 해놓은 게 없네.' '다들 돈도 모으고 배우자도 만나는데, 난 도대체 언제 취직하지?' '지금부터 하고 싶은 일을 찾는 건 무모한 도전이겠지?'라고 생각하며 아무런 시도도 하지 않고 있었다. 해보지 않은 일을 시작했다가 실패하면 시간 낭비일까 봐, 연애도 일도 뭐 하나 마음먹은 대로 되지 않는 나를 도대체 누가 써줄까 싶은 자포자기한 심정에 젖은 지 오래였다.

주변 사람들은 C씨가 취업할 의지가 없거나 방법을 몰라서 헤매는 중이라고 단정 지었지만, 사실 그는 잘되고 싶은 마음이 누구보다 커서 무엇부터 시작해야 할지 모르는 상태였다. 지원서부터 써야 할지, 연애를 시작해야 할지, 영어 공부나 아르바이트로 스펙을 쌓아야 할지 모르니 망설이게만 되는 것이다.

연구자들은 지연행동을 '시간 관리의 실패'라는 단순한 이유보다는 인지적, 정서적 측면이 상호 작용한 결과로 본다. 이것을 미뤘을 때 어떤 일이 생길지 알고 있음에도 불안한 마음에 압도되어 시작조차 못 하게 되는 것이다. 이들은 주로 초반에 아직 희망이 있는 상태에서 일을 미루며 불안을 증폭시킨다. 그리고 뒤늦게 '아냐, 아직 할 수 있어, 시간이 있어'라며 불편한 감정을 가진 상태로 뭔가를 시작한다. 하지만 그러는 중에도 내내 자기 능력과 통제력, 행운 등을 의심하며 기가 꺾인다. 결국 포기와 유지를 두고 치열하게 고민하다 완전히 다 놓아버리고, 다음에는 미리미리 잘할 것이라 다짐한다. 이 과정을 무한 반복한다.

누구보다 완벽을 꿈꾸지만 높은 목표가 주는 부담감과 자신에 대한 부족한 확신으로 시도 자체를 피하는 사람, 이렇게 완벽과 거리가 멀어 보이는 사람들도 사실은 완벽주의자일 수 있다. 자기 내면을 너무나 잘 알고 있기에 진짜 모습을 마주하는 게 겁이 나 현실을 피하는 상태이긴 하지만 이들 역시 막상 시작하면 꼼꼼하고 완성도 높게 일을 완수할 사람들이기도 하다.

다들 나만큼만 하면 소원이 없겠네!

감독형 완벽주의자

'완벽주의'는 어떤 목표를 이루기 위해 끊임없이 노력하면 지금보다 더 완벽한 결과를, 평소보다 높은 성취감을 얻을 수 있다고 믿는 신념과도 같다. 주변을 괴롭히는 완벽주의자들은 누구나 열심히 노력하면 이 비현실적인 목표를 달성할 수 있다고 믿고, 심지어 어느 정도 자신감도 가지고 있다. 어떤 일에 있어서든 분 단위로 계획을 짜고 일을 성취할 때마다 계획표를 펼쳐 목록을 지우는 사람들, 정리 정돈과 조직화가 생활화된 사람들이 이런 유형에 속한다.

이들은 자기에게 주어진 일을 완벽하게 소화하기 위해 늘 노력하고, 어려움이 찾아와도 이를 인내하고 끝까지 해내려 한다. 자신이 속한 조직에 도움이 될 것 같으면 일을 거절하는 법도 없으니 회사 차원에서는 인재로 손꼽힐 만하다. 늘 자신감 있고 당당해 보이며, 뭐든 일사천리로 진행한다.

이처럼 열정 가득한 이들이 주의해야 할 점은 타인지향적 완벽주의 성향이다. 이들은 자신의 높은 기준을 타인에게도 똑같이 부과하곤 하는데, 상대에 따라 이 기준이 실체가 없는 실현 불가능한 목표처럼 느껴지기도 하기 때문이다. 더 큰 문제는 이들의 압박과 엄격함, 분노, 비난 등이 향하는 대상이 대부분 중요한 타인이라는 점이다. 친구, 가족, 연인처럼 정서를 주고받으며 신뢰와 지지 관계를 이어가야 할 대상에게 화살이 돌아가면 어떻게 될까? 이는 자신뿐 아니라 상대의 관계 만족도까지 떨어뜨리는 결과를 낳는다.

타인지향적 완벽주의자는 자신을 문제라 생각하지 않는다. 덕분에 스스로 병원을 찾는 경우가 거의 없다. 그들의 압박과 분노를 받는 대상, 즉 가까운 주변인이나 가족들이 힘들어하고 여러 가지 정신적 어려움을 겪게 되었을 때 병원을 찾곤 하는데, 그 원인을 끄집어내다 보면 배후에 타인지향적 완벽주의자가 버티고 서 있는 것이다. 이들은 정신적 피해를 겪고 있는 타인이 눈앞에 있는데도 고통의 원인이 자신임을 자각하지 못하고, 상대에게 더 강해져야 한다며 압박하는 식이다.

식이장애를 겪는 딸을 데리고 진료실을 찾은 D씨도 그랬다. 자기 기준과 동떨어진 식습관 및 행동 패턴을 보이는 딸아이가 식이장애, 우울증을 앓고 있다며 직접 병원에 데려왔지만 주된 원인은 매사 딸을 압박하는 아버지 D씨에게 있었다.

D씨는 딸이 어릴 때부터 입시, 전공, 심지어 이성 교제까지 늘 간섭하곤 했다. 가장 최근에는 딸이 새로 취업한 회사에 적응하느라 스트레스로 식욕이 떨어져 끼니를 몇 번 거른 것뿐인데, 그 뒤로 D씨는 딸의 식사에 깊이 관여하기 시작했다. 매 순간 식사 시간을 감시하고, 더 먹으라고 강요했다. 출근한 딸에게 계속 연락해 밥은 얼마나 먹었는지, 체중 변화는 없는지 등을 강박적으로 확인한 것이다. 실제로 D씨의 딸은 체중이 살짝 줄어든 것 외에 별다른 문제가 없었다. 식이장애를 겪는 다른 환자들과 다르게 왜곡된 신체 이미지를 가지고 있거나 보상행동을 보이지도 않았다. 시시콜콜 그녀를 압박하는 아버지 때문에 극심한 스트레스로 우울감을 느꼈을 뿐이었다.

D씨의 경우처럼 주변을 괴롭히는 완벽주의자들은 대부분 자

신의 문제를 쉽게 알아차리지 못한다. 그렇다고 심리적으로 아무 문제를 느끼지 못하는 것도 아니다. 관계가 꼬였는데 원인을 알 수 없어서 답답해한다. 감독형 완벽주의자들은 자기 기준대로 타인을 평가하고 훈수 둘수록 주변 사람들과의 관계가 더욱 틀어지고 삶의 만족도가 떨어질 수 있으니 주의가 필요하다.

잘하고 싶지만, 나를 믿을 수 없어…

자책형 완벽주의자

자책하는 완벽주의자는 네 가지 분류 중 심리적으로 가장 힘든 유형이라 볼 수 있다. 이들은 타인의 기준을 자기 기준보다 우선시하고, 과정보다 결과를 중시하기에 늘 불안감을 안고 살아간다. 완벽주의자들은 흔히 통제되지 않는 상황을 불안해하는데, 자책하는 완벽주의자는 불안의 차원이 조금 다르다. 회피형 완벽주의자가 해야 할 일을 시작하지 않고 미루면서 불안을 키운다면, 이 유형은 자신의 힘으로 바꿀 수 없는 타인의 기준과 결과를 신경 쓰느라 늘 가슴 졸이고 모든 잘못을 자신의 탓으로 돌린다. 결국 그 불안이 우울함에 가까워진다. 완벽주의로 병원 문을 두드리는 사람들도 거의 이 유형에 속한다. 물론 이들 역시 자신의 완벽주의 성향을 인지하는 경우는 드물다. 불안, 공황장애, 우울 등 다양한 이상 증세가 시작되어 병원을 찾을 때가 더 많다.

주변을 괴롭히는 완벽주의자 유형처럼 자책하는 완벽주의자도 조직에서 일을 떠맡는 경우가 많다. 하지만 전자처럼 자발적으로 일을 받기보다 다른 사람의 눈치를 보느라 자신에게 몰리는 일을 거절하지 못했다고 봐야 마땅하다. 남들의 기대에 부응해야 한다는 심리적 압박은 조직에서 필요한 일뿐 아니라 남들이 알아주고 인정해줄 만한 일도 해내야 한다는 부담감을 가져온다. 이 경우 쌓인 일을 모두 다 신경 쓰며 처리하느라 매사 예민하고 까칠한 상태가 되기 쉽다.

이들은 열심히 해서 좋은 결과를 얻더라도 남들의 시선을 먼저 의식하기에 비현실적인 기준으로 평가하곤 하는데, 그러니 당연히 만족을 얻기도 어렵다. 자존감은 낮아지고, 자신을 쉽게 인정하지 못해서 점점 더 외부의 인정과 친절, 애정 등을 갈구하게 된다. 이런 유형의 완벽주의자는 항상 인정이나 사랑을 줄 대상을 찾아 헤매는 특징이 있다. 대상을 발견했다 하더라도 이는 일시적인 해결일 뿐이라서, 이들의 종착은 '일 중독' '관계 중독' '인정 중독'인 경우가 대부분이다. 자신을 인정하고 보듬지 못하는 이 유형의 사람들은 평가가 두려워 일하고, 결과에 만족하지 못해 계속 일한다.

중견 기업의 관리자 E씨는 번아웃, 공황장애를 겪고 있었다. 모든 일을 도맡아 처리하는 이른바 '예스맨'이었기 때문에 조직에서는 인기가 많았다. 하지만 회사에 지나치게 무게 중심을 둔 탓에 당연히 사생활은 잘 챙기지 못했다. 퇴근 후 집에 가면 지쳐 쓰러지기 바빴고 덕분에 남편이나 아버지로서는 인기가 없었다. E씨는 일과 자기 삶의 균형이 무너졌다는 것도, 가족들의 불만도 모두 다 알고 있었다. 하지만 이렇게 열심히 하지 않으면 너무 불안하다고 했다. 이 불안감 때문에 휴일에도 회사에서 전화가 오면 달려 나갔으며 한 번이라도 제대로 업무를 처리하지 못하면 자책하며 심한 스트레스에 시달렸다. 그토록 오래 직장생활을 하면서도(보통은 직책이 올라갈수록 관리 업무 비중이 높아지고, 실무는 아래 직급의 사람에게 인계하는 것이 바람직하다) '아냐, 내가 해야만 해'라며 자기 압박을 멈추지 못했다.

사실 '일'과 '성과'라는 것은 기준과 경계가 모호한 경우가 많다. 그래서 당장 어떤 과업을 기한 내에 끝냈다 해도 지나고 보면 굳이 그때 해내지 않았어도 대세에 큰 영향이 없을 때도 있다.

인정도 받고 싶고, 잘하고 싶은 마음도 드는 이러한 상황은 누구에게나 찾아온다. 이때 진짜 중요한 것은 우선해야 할 일, 꼭 해야 할 일을 선별하는 능력일지도 모른다. 적어도 내가 만나본 '완벽'에 가까운 결과를 내는 많은 이들은 이미 이런 능력을 가지고 있다. 이들은 뒤에 소개할 안정형 완벽주의자 유형이 우세한 사람들이다.

완벽에 가까운 완벽주의자

안정형 완벽주의자

완벽주의자라고 해서 모두 다 불안하고 우울한 것만은 아니다. 공자의 《논어》 '옹야 편'에 보면 "아는 것은 좋아하는 것만 못하고, 좋아하는 것은 즐기는 것만 못하다"라는 말이 있는데, 안정형 완벽주의자는 여기 등장하는 '즐기는 자'를 떠올리게 한다. 이들은 기준을 자신에게 두고 있으며 평가할 때도 결과가 아닌 과정을 중시한다. 그러니 자연스럽게 성장을 위한 도전을 피하지 않고, 심지어 즐길 수도 있는 것이다.

조직에서 이들이 보여주는 열정과 태도는 굉장하다. 업무를 처리하는 방식이 꼼꼼하기도 하지만 그 속도도 놀랍다. 하나를 맡기면 두 개를 해내고, 그 과정을 통한 성장, 결과에서 오는 성취감을 즐긴다. 그런데 딱히 지치지도 않는다. 학생으로 치자면 놀 때 잘 놀고, 공부할 때는 온 신경을 집중하는 그런 스타일이다. 자신이 원하는 점을 명확히 알고 움직이니 당연히 일과 삶의 균형은 물론 진정한 행복의 길도 알아서 잘 찾아간다. 그야말로 건강한 완벽주의자다.

YD 퍼포먼스 인지행동 치료 연구소를 운영하며 만난 안정형 완벽주의자들도 대개 비슷했다. 우리 연구자들은 각 분야에서 높은 성과를 내는 고성과자, 즉 하이 퍼포머high performer의 비밀에 관심이 많은 편인데, 그들을 직접 만나 이야기를 듣고 관찰하다 보면 이들 대부분이 안정형 완벽주의자라는 사실을 알 수 있다. 더 놀라운 점은 고성과자와 그렇지 않은 사람들 사이의 틈이 그리 넓지 않다는 것이다. 약간의 방향성 차이로 누군가는 능력을 충분히 발휘해 진정한 고성과자가 되고, 다른 누군가는 번번이 실패해 결국 나가떨어진다.

내가 상담한 적 있는 유명 기업의 대표 F씨도 안정형 완벽주의자였다. 그는 일반 팀원으로 스타트업에 합류해 차근차근 성장한 경우였다. 팀에서 인정받고 점차 승진해 자회사의 최고 의사결정권자 자리까지 올랐다. 그는 업무적으로 매우 엄격한 기준을 가진 냉철한 완벽주의자였지만, 판단의 기준은 늘 자신 안에 있었다. 실패를 두려워하지 않고 과정에 집중했기에 '성장'이라는 결과가 자연스레 따라왔다.

이는 순기능 완벽주의functional perfectionism 개념으로 설명할 수 있다. 완벽주의의 연구 방향은 크게 부정적인 측면만을 주로 분석하던 1990년대 이전과 긍정성과 부정성을 다차원적으로 연구하는 1990년대 이후로 나눌 수 있는데, '순기능적 완벽주의와 역기능적 완벽주의dysfunctional perfectionism로 구별해야 한다'[4]는 의견은 1995년에 처음 등장했다. 우울, 불안, 강박을 많이 경험할 수 있는 역기능적 완벽주의자도 있지만, 이런 불편을 느끼지 않고 순기능(계획성, 성실함, 객관적 자기 평가 등)을 활용해 좋은 결과에 다가서는 완벽주의자도 있다는 의미다.

완벽주의의 긍정적인 면을 잘 활용한 사람들은 실수나 실패를 대하는 자세에도 큰 차이를 보인다. 기본적으로 부정적인 평가를 크게 두려워하지 않기에 실수한 부분을 잘 인정하고 다음을 기약할 수 있으며, 다른 사람의 성공과 발전을 질투하기는커녕 배움의 기회로 생각한다.

현재 자신이 안정형 완벽주의자가 아니라며 실망할 필요는 없다. '최적주의자'라고도 불리는 '안정형 완벽주의자'가 반드시 선천적으로 타고나는 것은 아니기 때문이다. 자신의 완벽주의 성향을 객관적으로 살핀 뒤 평가 기준을 '타인'에서 '자신'으로 바꾸는 연습, 결과보다는 과정을 보려는 노력을 꾸준히 이어가면 충분히 달라질 수 있다. 자신에게 완벽주의 성향이 있다는 사실을 인지한 사람들이 궁극적으로 가야 할 방향도 이런 유형임은 분명하다.

생활 속 완벽주의 유형 체크 리스트

※ 다음 문항을 읽고 자신에게 해당하는 정도를 4점 척도로 표시해주세요.

문항	매우 그렇지 않다			매우 그렇다	평가 유형
1. 나는 일을 할 때 완벽하게 해내지 못할 것 같으면 시작을 미룬다.	1	2	3	4	
2. 일을 미루면서 쉬지도 못하고 늘 마음이 불편하다.	1	2	3	4	
3. 어떤 일을 확실하게 잘해낼 확신이 없을 때는 시도 자체를 피한다.	1	2	3	4	회피형
4. 주변에서는 나를 태평하다고 하지만, 나는 성과를 얻지 못할까 봐 두렵고 불안하다.	1	2	3	4	
5. 나는 확실하게 못 할 바에야 안 하는 게 낫다고 생각한다.	1	2	3	4	
합계					
6. 주변 사람들이 맡은 부분에서 최선을 다했으면 좋겠다.	1	2	3	4	
7. 내 주위 사람들에게 상당히 높은 기준을 가지고 있다.	1	2	3	4	
8. 내 주변 사람들이 최선을 다하지 않는 것을 보면 답답하거나 화가 난다.	1	2	3	4	감독형
9. 내 주변 사람들이 어떤 일이든 나만큼만 하면 좋겠다.	1	2	3	4	
10. 나는 스스로 성장하려고 노력하지 않는 사람들을 보면 참을 수 없다.	1	2	3	4	
합계					

11. 실수나 실패가 잦으면 사람들은 나에게 실망할 것이라 생각한다.	1	2	3	4	자책형
12. 사람들을 만나면 그들의 표정, 반응 등을 자주 신경 쓴다.	1	2	3	4	
13. 다른 사람들과 자주 비교하며 스트레스를 받는 편이다.	1	2	3	4	
14. 내가 실수하면 주변 사람들이 나를 형편없다고 생각할 것이다.	1	2	3	4	
15. 나는 장점보다 단점이 많은 사람이다.	1	2	3	4	
합계					
16. 나는 스스로 다소 높은 기준을 세우더라도, 실천하는 과정에서 성취감(만족감)을 느낀다.	1	2	3	4	안정형
17. 다른 사람들의 인정이나 부정적인 평가에 신경 쓰지 않는다.	1	2	3	4	
18. 나의 기준은 내가 정하고 판단한다.	1	2	3	4	
19. 나는 실패를 통해 배우고 성장한다.	1	2	3	4	
20. 결과보다는 과정의 성취감을 중요시한다.	1	2	3	4	
합계					

▶ 결과 해석

YD 퍼포먼스 연구소가 개발한 유형 심리 검사는 총 20문항으로, 유형별 문항 점수를 합산해 계산한다. 유형별 합산 점수가 높은 순서대로 정리하면 내가 어느 유형의 경향성이 높은지 확인할 수 있다. 예를 들어 안정형, 자책형, 감독형, 회피형 각각의 합산 점수 중 감독형이 가장 높게 나왔다면 나는 감독형 완벽주의에 가까운 것이다. 더불어 안정형에 해당하는 문항과 특징을 파악한 뒤 우리가 가지고 있는 역기능적 완벽주의 태도를 줄여가면 누구나 안정형 완벽주의 경향을 높일 수 있다.

2장 **완벽주의, 스스로 만든 정신적 감옥**

우리는 모두 완벽을 강요당한다

2011년에 개봉한 〈블랙 스완Black Swan〉은 '백조의 호수' 공연에서 1인 2역을 완벽하게 해내고 싶은 발레리나의 내면을 잘 표현한 영화다. 주인공 니나(나탈리 포트만 분)는 순수한 아름다움을 지닌 백조(오데트)와 도발적 매력을 상징하는 흑조(오딜) 배역을 둘 다 완벽히 소화해야 한다는 압박감을 가지고 있다. 여기에 엄마의 간섭과 기대, 주변 사람들의 부정적인 평가가 더해지면서 손톱 뜯기, 등 긁기와 같은 불안 증세가 악화되기 시작하고 이는 나날이 심해지기만 한다.

이 영화는 내가 정신건강의학과 전공의 시절에 개봉했다. 당시 이 영화를 보면서 교수님들과 열띠게 토론했던 기억이 난다.

여리고 순수한 백조 역할로는 손색이 없지만, 흑조의 고혹적인 느낌이 부족하다는 주변 사람들의 평가에 좌절하고, 초조해하는 주인공의 모습은 완벽주의자 모델을 정확히 반영하고 있었기 때문이다.

나는 극의 주인공 외에도 딸의 성공에 광적으로 집착하는 어머니의 존재에도 눈이 갔다. 이렇게 높은 기대를 가진 부모를 둔 자녀는 결국 부모에게 인정받기 위해 필요 이상으로 노력하다가 자존감 하락, 자기 비난, 인정 중독 등 여러 부정적인 감정에 빠지기 쉽기 때문이다. 결과적으로 타인의 기준을 지나치게 신경 쓰는 자책형 완벽주의자가 어떻게 탄생하고, 어떠한 심리적 고통을 느끼는지 두루 살펴볼 수 있는 영화였다.

☕ 성과주의 문화가 낳은 괴물

영화에서 잠깐 살펴봤듯이 현대 사회에 퍼져 있는 성과주의 문화는 모든 사람에게 완벽해지기를 강요한다. 아이부터 어른까지 거의 전 세대 사람들이 그 압력을 쉽게 거부하지 못해서 끊임없이 자신에게 주문을 건다. 남들에게 뒤처지면 안 된다고, 그러기 위해 지금 당장 뭐 하나라도 더 해야 한다며 자기를 채찍질하는 것이다.

당장 나만 해도 그렇다. 의과대학교에 가겠노라 쉬지 않고 공부했고, 스스로가 정한 기준을 달성하지 못했거나 다른 이들의 인정을 얻지 못하면 또래나 사회에서 완전히 뒤처지고 있다는 생각을 지울 수 없었다. 다 큰 어른이 되었어도 상황은 크게 다르지 않았다. 인턴을 마치고 전공을 선택하는 과정에서 오랫동안 고민했고, 꿈을 위해 대학병원 교수직을 그만둘 때도 그것이 옳은 결정인지 수없이 생각했다. 그럴수록 내면을 파고드는 불안감은 더 커졌다.

남들을 따라가려고 원치 않는 길을 가거나 무리할 때 사람들은 대개 실수가 잦아진다. 나 또한 그래서 오히려 좋지 않은 결과를 맞이한 적도 많다. 그때 내가 나에게 내리는 처방은 우선 남들과 비교하는 과정을 멈추는 것이다. 나에게 집중해 내가 원하는 목표를 다시 확인하고 나아간다. 다른 사람을 이기는 것이 목표가 아니라 진정한 성장을 생각하며 걸어가다 보면 감정은 어느 정도 환기된다.

사람은 누구나 실수한다. 게다가 무리해서 주변을 뒤쫓아가다 보면 꼭 뒤탈이 난다. 특히 어떤 실수는 내가 나에게 기대하는 모습과 실제 모습이 다르다는 사실을 여실히 보여준다. 바로 그때 사람들은 상실감, 좌절감 등을 느낀다. 실수를 내면을 다질 기회로 삼는 사람도 있겠지만, 그러지 못한 채 반복되는 좌절감을 느끼는 사람들은 우울의 굴레를 좀처럼 벗어나지 못한다.

1980년대 초 심리학자 에드워드 토리 히긴스Edward Tory Higgins가 제안한 자기 불일치 이론Self-discrepancy theory은 실제 자아와 이상적 자아의 불일치, 즉 '실제-이상적 불일치'가 우울의 원인이 된다고 설명했다.[1] 적당한 수준의 자기 불일치는 자신을 발전시키는 데 긍정적인 영향을 주기도 하지만, 정도가 심해지면 우리는 부정적 감정에 압도될 수 있다. 우울, 번아웃, 불안 등을 겪으며 일상생활을 이어가기 힘든 상태가 바로 이러한 경우이다.

의과대학을 1등으로 졸업하고 영상의학과 전문의가 된 A씨의 일화를 예로 들어보자. 그는 언제나 정해진 목표를 달성하며 살아왔다. 전문의가 된 이후 결혼과 출산, 육아를 경험했고 그 뒤로도 일과 육아를 비교적 잘 병행하고 있었다.

하지만 노력하면 언제나 빛나는 성과를 가질 수 있었던 그가 현재 겪고 있는 감정은 허무함, 상실감, 무기력, 우울감이었다. 아이가 생긴 뒤로는 남들이 알아줄 만한 거창한 목표를 세울 수 없었기 때문이다. 그는 주변이 인정할 만한 목표를 세우고 쟁취하는 자기 모습을 '이상적인 상태'로 봤다. 그래서 '목표'라고 하면 당연히 '1등' '최고'를 바라봐야 한다고 믿었다.

☀ 1등이 되면 고민은 끝이라는 착각

1등의 가치를 유난히 높게 사는 대한민국에서 '목표는 높고 크게'라는 말을 들어보지 않은 사람은 매우 드물 것이다. 그래서 늘 1등만 하던 A씨도 자기가 느끼는 부정적인 감정이 '1등을 뺏겨서'라고 잠시 착각할 수 있다.

그렇다면 어렸을 때부터 늘 뛰어난 성과로 주목받던 영재나 명문대학교의 학생들, 대기업 혹은 전문직 종사자들, CEO들은 더 이상 고민하지 않는 행복한 삶을 살고 있을까? 그렇지 않다. 그들 역시 불안과 번아웃을 경험하고 오히려 남들보다 더 큰 압박을 느끼며 살아간다.

많은 이들이 A씨처럼 '내가 진짜로 원하는 내 인생의 목표가 무엇인지' '어떤 것이 내게 행복감을 주는지'를 잘 알지 못한다. 아이를 돌보는 엄마라면 물리적인 시간이 줄어드니 돌봄 노동을 제외한 시간에 달성할 만한 소소한 목표를 세울 수도 있을 텐데, 그 작은 목표의 가치를 스스로 평가절하하며 괴로워한다. 작은 목표나 성과를 대부분 의미 없다고 생각하기에 '시간이 너무 없어' '아무것도 할 수가 없잖아'라며 점점 더 무기력한 기분에 젖어 드는 것이다. 설령 내가 바라는 성공과 행복이 '1등' '최고'에 맞춰지지 않았더라도, 소소한 목표를 의미 없다고 생각한 적은 없는지 한 번쯤 고민해볼 문제다.

나는 정신건강의학과 전문의로서 진료실에서는 환자를 만나 치료하고 병원 밖에서는 다양한 분야의 성과 심리학을 꾸준히 연구해왔다. 성과 심리학은 자신의 분야에서 더 잘하고 좋은 성과를 내도록 고민하는 학문이다. 더 나아가 정신의학에서 인정받은 인지행동 치료 기법으로 부정적인 감정을 조절해 자신의 퍼포먼스를 최대로 발휘할 수 있도록 돕는다.

이런 연구 주제 덕분에 실로 다양한 사람을 만나왔는데, 평범한 학생이나 직장인은 물론이고 연예인이나 운동선수, 기업 CEO처럼 쉽게 만나기 힘든 이도 여럿 있었다. 이들을 만나며 내가 느낀 점은 스트레스의 근원이나 이들이 속한 분야가 모두 다를지라도 그 본질은 거의 비슷하다는 사실이다.

어렸을 때부터 주변의 기대를 한몸에 받고 자란 이 시대 1등들도 앞서 소개한 사례의 주인공 A씨처럼 비슷한 부담과 압박을 느끼며 살아간다. 이들은 칭찬과 부러움을 받는 데 익숙한 듯 보이지만 지적인 능력과 함께 기대되는 '좋은 성격' '훌륭한 성품'이란 평가에 짓눌려 있는 경우가 많다. 결국 가족과 주변 사람에게 실망을 안기고 싶지 않은 마음, 자신의 자리를 뺏길 수 없다는 강박으로 스스로를 더욱 옥죄고 억압한다. 이미 잘하고 있는 중에도 끊임없이 더 나은 평가를 받으려 노력하는 것이다.

1등도 1등에 만족하지 못하는 상황이 바로 이런 경우다. 자신을 괴롭히는 문제를 직시하지 않고 압박과 스트레스를 제대로 해소하지 않는 한, 우리는 완벽을 향한 이유 없는 움직임을 결코 멈출 수 없다. 더욱이 완벽주의자들 중에는 이러한 절망의 순간을 미리 걱정하며 너무 많은 생각을 하다 보니 정작 능력을 발휘해야 할 때 제 실력을 내지 못하는 경우가 많다. 결과가 크게 나쁘지 않은데도 사소한 부분에 과도하게 몰입해 걱정만 하다 보면 정작 중요한 부분을 놓쳐 아쉬운 결과를 얻는다.

☀ 온라인 세상으로 맞이한 또 다른 완벽주의

좋은 성과를 마다할 사람은 없을지도 모른다. 하지만 현재 우리 사회가 과정보다 결과를 중시하고, 성과 중심의 경쟁을 과도하게 부추기는 경향이 있음은 분명하다. 과거에는 학업이나 스포츠처럼 과열 경쟁을 예로 들 수 있는 분야가 뚜렷하게 구분되었으나, 이제는 경쟁이 없는 분야를 따로 걸러내기 어려울 만큼 사회가 가혹하게 흘러가고 있다. 주식이나 부동산, 가상 화폐 같은 투자 부분도, 개인 소비문화나 트렌드마저 취향이나 가치 대신 순위가 중시된다.

이런 사회 흐름에 온라인 세상도 예외는 아니다. 디지털 기술이 발달하면서 우리는 스마트폰 하나로도 모든 게 가능한 시대를 살게 됐다. 특히 코로나19 바이러스는 주된 생활 공간이 오프라인에서 온라인으로 바뀌는 데 일조했다. 처음 맞이하는 언택트 문화에 당황했던 것도 잠시, 이제는 나조차도 이 생활과 감각이 오히려 익숙할 때가 있다. 게다가 이번 팬데믹을 기점으로 디지털 미디어(스크린, 스마트폰, 게임 등)는 우리 삶 안으로 밀접히 들어왔다.

스마트폰 이용 시간이 늘어나면서 소셜 네트워크 서비스SNS에 할애하는 시간도 지나치게 늘었다. 그런데 사람들은 이 SNS의 존재가 '완벽'에 집착하는 열기를 드높인다는 사실을 좀처럼 느끼지 못한다. 이를테면 많은 사람들이 온라인 세상 속에서 불특정 다수에게 더 완벽한 모습을 보이고 싶어 한다. 멋진 여행, 맛있는 음식, 즐거운 모임… SNS 화면에 등장하는 '나'는 행복하고 아름답고 심지어 부유해 보이기까지 한다. 그런 모습만 강조하고, 남들도 나를 그렇게 봐주길 원하는 마음 때문일 것이다. 여기에 완벽주의의 함정이 있다.

박지성 선수가 활약했던 축구 구단 맨체스터 유나이티드 FC 전 감독 알렉스 퍼거슨은 SNS가 인생의 낭비일 수 있다고 말했다. 사실 SNS 서비스는 온라인에서 사회적 관계망을 생성하고 유지, 강화하는 것을 돕고자 만들어졌다. 하지만 최근 SNS에 마케팅 활용이 더해지면서 애초 목적과 멀어진 느낌을 지울 수 없다. 이제 SNS의 알고리즘은 새롭고 인기 많은 게시물 혹은 자본이 개입된 게시물 위주로 순위를 매겨 상단에 노출한다. 화려한 스포트라이트를 받는 인플루언서의 게시물은 늘 반짝여 보이지만, 이를 이룰 수 없는 사람들은 상실감과 헛헛함을 느끼며 좌절할 수밖에 없는 구조다.

우리는 관심의 중심에 서 있는 인기 유튜버나 인스타그램 셀럽의 마음을 들여다볼 필요가 있다. 오리가 물 위로 뜨기 위해 쉼 없이 발을 굴러야 하는 것처럼, 이들 마음 이면에는 계속해서 새로운 것을 보여줘야 한다는 강박이 존재한다. 이는 바로 번아웃의 시초가 된다. 이들은 누구보다 완벽해야 한다는 온라인 세상의 압박을 맨 앞줄에서 받는 중인지도 모른다.

혹시 SNS상의 화려해 보이는 사람들과 자신을 비교하며 위축되었던 적이 있는가? 만약 그렇다면 여기 흥미로운 자료가 있어 소개한다. SNS는 기본적으로 자신을 드러내는 프로필을 설정하고 근황이나 정보를 공유하는 매커니즘으로 운영된다. 이때 사람들은 이상적 자기ideal self 혹은 의무적 자기ought self를 제시하게 된다고 한다.[2] 이는 결국 많은 사람들이 SNS상에서 자신이 보이고 싶은 부분을 중심으로 선택적 노출을 하고 있다는 의미다.

완벽주의적 자기제시 성향이 강한 사람일수록 타인에게 완벽하거나 화려한 부분을 강조해 드러내고 그렇지 않은 부분은 숨기려고 한다. 그들에게 SNS는 자기 욕구를 충족시킬 수 있는 최적의 소통구이다. 문제는 이런 상태로만 소통하려 하면 결국 이상적인 자기 모습에 중독될 가능성이 크다는 점이다. 극단적으로는 완벽하지 못한 모습을 들킬까 두려워 오프라인에서 사람들과 관계 맺기를 불안해하는 사회불안 장애social anxiety disorder가 생길 수도 있다.

요즘 이삼십 대는 자신이 속한 회사나 조직이 평생 자신을 책임지지 않는다는 것을 명확히 알고 있다. 그래서인지 일찍부터 회사를 그만두고 유튜브 채널을 운영하거나 SNS를 기반으로 사업을 준비하는 사람들이 늘고 있다. 하지만 이는 갑갑한 조직 생활을 피하려다 더 큰 산을 만나는 격이다. 타인의 평가가 새로운 형태로 내게 집중되어 보이지 않는 엄청난 압박을 느낄 수 있으니 말이다. 겉으로 보이는 화려한 모습에만 둘러싸여 그 길을 좇다 보면 언제인지도 모르게 번아웃이 찾아올 수도 있다. 그렇게 또 다른 유형의 완벽주의자가 탄생된다. 평소 남들에게 인정받고 싶은 마음, 완벽한 자기를 제시하고 싶은 욕구가 강하다면 자기 내면의 완벽주의 성향을 신중히 들여다볼 필요가 있다.

☀ 불안과 우울, 그 너머에 있는 마음

내가 속한 YD퍼포먼스 인지행동 치료 연구소는 "고성과자에게 어떤 비밀이 있을까?"를 두고 오랜 기간 연구를 거듭해왔다. 직장에서 일 잘하는 사람, 학업 성취도가 유난히 우수한 학생, 기복 없이 안정적인 플레이를 펼치는 운동선수, 무대에 서는 과정 자체를 즐기는 예능인… 이들은 대개 실수를 두려워하지 않고 그 과정에 몰입하는 모습을 보인다. 그런 사람을 가까이서 지켜본다면 누구나 '아, 이 사람은 현재를 진심으로 즐기고 있구나'라고 생각할 수 있다. 그들은 평가나 결과에 연연하기보다 과정 자체에 집중해 좋은 결과로 한 발짝 다가선다.

심리학자나 정신건강의학과 전문의들도 놀랄 정도로 안정적인 멘탈을 보여주는 공인 중에는 2020년 도쿄 올림픽 양궁에서 3관왕을 차지한 안산 선수가 있다. 처음 출전한 올림픽에서 큰 기록을 세운 것도 대단하지만, 응원을 받아야 할 시점에 '페미니스트 논란'에 휩싸여 더욱 화제가 되었다. 일부 국민은 과거 안산 선수가 SNS에 올린 표현이나 헤어스타일을 근거로 그녀를 페미니스트라 규정하며 비난했다. 안산 선수가 페미니스트인지 여부는 물론, 설령 페미니스트일지라도 그 사실이 비난 받아야 할 문제인지에 대한 물음을 떠나서 올림픽이라는 큰 대회 중 충분히 멘탈이 흔들릴 수 있는 상황이었다. 하지만 안 선수는 '쫄지 말고 그냥 쏘자'는 생각으로 경기에 몰입했다고 한다. 자신을 둘러싼 외부 요인을 신경 쓰기보다 당장 참가하고 있는 경기에 집중하고 통제할 수 있는 부분에 몰입한 것이다. 그 결과가 좋지 않더라도 받아들이겠다는 마음으로 쏜 화살은 안산 선수의 실력을 제대로 반영해 과녁을 맞혔다.

안 선수와 달리 완벽주의 성향이 지나친 사람들은 더 잘하고 싶어서 노력하다가 긴장과 불안에 휩싸여 오히려 완벽과 멀어진다. 사실 이들이 겪는 최초의 불안은 '다음 주가 시험인데 범위를 다 훑지 못했어' '내가 떨고 있는 걸 알아채면 어쩌지'처럼 많이들 느끼는 '흔한 걱정'에서 출발한다. 하지만 완벽주의자들의 불안은 보통의 수준을 넘어서 비합리적으로 확대된다. 비현실적인 기준과 잣대로 자기를 평가하다가 불필요한 불행 속으로 스스로를 빠뜨리는 셈이다.

영재처럼 일찍부터 부모나 주변의 기대를 많이 받아왔던 사람들은 상황이 더 좋지 않다. 자기도 모르는 사이에 주변의 기대를 내면화해서 높은 기준이 이미 자리한 경우가 많기 때문이다. 또한 이들은 관심만큼이나 지나친 간섭과 통제에 익숙한 경우가 많다. 사실 이렇게 자녀의 사고와 감정을 통제하려는 심리 통제[3]는 부모의 불안에서 기인한 경우가 많다. 성과에 아무런 도움이 안

되는 불안한 마음은 환경 혹은 타인의 간섭으로 쑥쑥 자라난다. 결국 이들에게 '실수'란 모든 것을 무너뜨리는 '실패'로 받아들여진다.

실수를 줄이려는 태도는 물론 중요하다. 하지만 우리는 모두 조금씩 불완전한 부분을 안고 살아간다. 그렇기에 실수하지 않는 완벽함은 애초에 존재하지 않는 답안인지도 모른다. '실수를 완벽히 없앤다'라는 마음보다 '실수했을 때 어떻게 대처할까?'라는 고민이 더 중요한 이유다. 마음의 문제를 100퍼센트 이론에 기대 접근할 수는 없겠지만, 나는 최소한 불안과 마음의 관계를 들여다보는 자세가 하나의 힌트가 될 수 있다고 생각한다.

완벽주의자가 빠지기 쉬운 네 가지 함정

　사실 정신의학에서 '완벽주의'라는 질병은 없다. 가혹한 기준을 타인에게 강요하는 사람, 스스로 압박하며 스트레스를 받는 사람, 경쟁 속에서 남들 기준으로 자신을 지나치게 채찍질하는 사람 등 다양한 유형의 '완벽주의자'가 존재할 뿐이다. 물론 우리 삶에 도움이 되는 건강한 완벽주의도 분명 있다. 하지만 완벽주의로 스스로 혹은 주변 사람들을 괴롭히는 경우가 꽤 있다는 사실을 많은 이들이 알았으면 한다.

　만약 사회에서 이런 성향의 사람을 맞닥뜨렸다면 가장 먼저 우리는 어떤 감정을 느낄까? 한편으로는 황당하거나 불편하고, 다른 한편으로는 상대가 안쓰럽게 느껴질 것이다. 그런데 이런 완벽주의자들이 진료실을 찾는 이유는 정작 '완벽주의' 때문이 아니다. 공황, 사회불안, 건강에 대한 과도한 걱정, 폭식 등 다양한 증상으로 진료실을 찾지만, 자신의 완벽주의가 문제라고 생각하는 사람은 드물다. 또한 어떤 완벽주의자들은 생활에 전혀 불편함을 느끼지 않는다. 오히려 그들과 가까운 가족이나 친구들이 상처를 받아서 진료실을 찾는다. 그들은 통제할 수 없는 상황이나 증상으로 괴로움을 토로하지만, 그 근원에 완벽주의가 있음을 알아채지 못한다.

"더 잘하고 싶어요.""누군가 저를 나쁘게 평가할까 봐 늘 걱정이 돼요.""남들 앞에서 긴장한 모습을 들키고 싶지 않아요."

완벽주의자가 느끼는 이런 흔한 심리를 더 잘 이해하기 위해서는 사회불안 장애를 짚어볼 필요가 있다. 얼마 전까지 '사회공포증'이라고도 불렸던 이 증상은 최근 현대인이 겪는 대표적인 심리 문제 중 하나다. 예민한 자율신경계(유전적 요인), 세로토닌과 같은 신경전달물질의 불균형, 과거 트라우마 등의 사회심리적 요인이 어우러지면서 사회적 상황에서 과도한 두려움을 느끼는 것이 큰 특징이다. 특히 낯선 사람에게 노출되었거나 타인의 주목을 받는 등 자신이 평가 받는다고 느낄 때 불안한 마음이 오래 지속된다. 시선 공포, 주목 공포, 삼킴 공포, 떨림 공포 등이 대표 증상이다.

❋ 지금 당장 버려야 할 완벽주의 생각 습관

완벽주의를 추구하는 사람들은 타인과의 관계가 자기 생각대로 되지 않을 때, 아무리 사소해도 자신이 걱정하는 부분에서 부정적인 평가를 받았을 때 큰 타격을 입어 사회불안 장애를 겪기도 한다. 죄책감, 실수에 대한 불안감, 자신을 피곤하게 하는 각종 강박, 낮은 자존감, 우울감 등 부정적인 감정에 쉽게 사로잡혀 이르면 청소년기 때부터 사회 불안장애를 경험한다.

정규직 취업을 준비하며 인턴으로 근무하고 있는 여성 B씨도 그랬다. 대학을 졸업하고 곧장 취업 준비를 시작해 꽤 성실히 스펙을 쌓았지만, 그의 취업 준비는 벌써 4년째 진행 중이다. 본격적으로 사회에 나가기 전에 경험을 쌓아보자는 마음으로 인턴십에 지원했으나 다양한 인턴십 경험이 오히려 평가에 대한 불안감을 심어줬다. 실수할 때마다 자책도 커서 인턴십 중인 현재 회사마저 그만둬야 하나 싶을 정도로 의기소침했다. "항상 실수만 하니까 회사에 너무 민폐인 것 같아요." "이렇게 중요한 시기에 아직도 실수투성이인 내가 한심해요."라고 말하는 그는 자기에게 실망해 우뚝 멈춰선 상태였다. 실수할 때마다 패닉이 되어 원래 있던 목표마저 사라진 지 오래고, 제대로 준비하지 못하니 자신감이 떨어져 입사 지원 기회는 그대로 날려버렸다.

하지만 B씨의 실수나 실패가 모두에게 자연스럽게 받아들여지는 시기는 어쩌면 지금뿐일 수도 있다. 정식으로 회사에 입사해 직급이 높아질수록 회사는 더 높은 기준으로 업무 완성도를 요구할 테니 말이다. 그러니 B씨에게 지금은 뭔가를 시도하기 가장 좋은 때인 셈이다.

인지모델 이론에 따르면, 생각을 바꾸면 부정적인 감정을 줄일 수 있다. 다만 '생각을 바꾼다'라는 말이 무조건 긍정적으로 생각하라는 의미는 아니다. 왜곡된 생각을 합리적으로 교정하지 않는 한 감정은 변하지 않을 수 있다. 물론 개인마다 일생을 유지해온 성향과 습관이 있을 테니 생각을 바꾸는 일 자체도 쉽지 않다. 그만큼 완벽주의로 파생된 감정을 매끄럽게 극복하는 일은 거의 고난에 가깝다.

다행히 이러한 완벽주의 성향을 부추긴 왜곡된 생각들의 정체를 알아두는 것만으로도 문제를 조금 달리 볼 수 있다. 불안과 강박, 우울과 분노를 일으킨 생각을 미리 파악하면 그 감정에서 조금 더 수월하게 빠져나올 수 있다. 즉, '왜곡된 생각을 합리적으로 바꾸고 불편한 감정을 조절한다.' 이것이 바로 인지행동 치료의 핵심이다. 이제 우리가 당장 버려야 할 완벽주의적 생각 습관들을 살펴보자.

당위성should의 오류

완벽주의자들은 일상이 당위성으로 가득 차 있다. 늘 자신을 채찍질하거나 남들을 압박한다. "일을 잘 처리하려면 이 정도는 반드시 해야 한다." "이렇게 하지 않으면 절대로 안 된다." "내가 하는 일은 다 잘되어야 한다." 이런 식으로 우격다짐을 벌인다. 합리적 정서행동 치료Rational Emotive Behavior Therapy: REBT4를 창시한 앨버트 엘리스Albert Ellis는 이를 '머스터베이션musterbation'이라 칭했다. 이들은 언제나 '해야 한다must'는 신념에 사로잡혀 있다.

사실 '~했으면 좋겠다'라는 바람 자체가 잘못된 것은 아니다. 하지만 여기에 당위, 즉 마땅히 그러해야 한다 혹은 그렇게 되어야만 한다고 믿기 시작하는 순간 자신뿐 아니라 주변 사람들 모두가 피곤해진다. 합리적인 수준의 바람은 개인과 조직에 동기 부여가 되지만, 여기에 '반드시'가 붙으면 비극이 시작된다.

게다가 이들의 '당위'에는 정도 이상의 노력을 넘어서는, 자신이 바랐던 '통제할 수 없는 요인'마저 극복한 결과가 포함된다. 그래서 '당위'로 삼았던 조건이 충족되지 않았을 때 불안과 좌절감이 커지는 것이다. 시간이 지날수록 부정적인 감정이 피어오르고 더러는 좋지 않은 결과나 기대 이하의 성적을 가져온다.

자신의 당위, 나아가 다른 사람에게도 당위를 강요하는 사람들은 대개 비현실적인 결과나 높은 수준의 목표를 지향한다. 이렇게 완벽주의 성향의 사람들은 도달할 수 없는 목표를 세우고 이를 달성하지 못했을 때 철저하게 무너진다. 우울과 불안을 넘어 때로는 분노를 느끼기도 한다. 당위성의 오류를 범하는 완벽주의자들은 누구도 강요한 적 없는데 비현실적인 목표에 도달하고자 의무와 규칙을 세운다. 아마 지금 이 순간에도 그들은 '완벽'에 다다르기 위해 홀로 고통받고 있을지 모른다.

흑백논리의 오류

"하려면 제대로 해야 하고, 그러지 못할 바에야 안 하는 것이 낫다."

어떤 일을 해야 한다면 완벽하게 하고, 그렇지 않을 거면 시작도 하지 말라는 사람들이 있다. 이런 극단적인 태도를 보이는 이들 중에 완벽주의자가 많다. 완벽주의자에게 완벽하지 않은 결과는 결국 실패로 해석되기 때문이다.

이렇게 이분법적으로 모든 상황을 분류하는 사람들은 실패에 대한 두려움이 상당하다. 작은 실수나 흠으로 여태까지 쌓아 올린 모든 성과가 무너진다고 생각해보라. 당연히 매사 조급해지고 작은 일에도 걱정이 늘어나지 않겠는가.

한 예로 학기 평균 점수가 늘 4.0 이상이던 대학생 C씨가 중간고사 결과, 한 과목에서 C를 받았다고 해보자. C씨가 완벽주의자라면 그는 이번 학기는 완전히 망했다며, 이 수업에 계속 들어가는 건 의미가 없다고 판단해 출석을 포기할지도 모른다. 이렇듯 흑백논리 오류가 강한 완벽주의자는 만회할 기회가 충분한데도 성공 아니면 실패라는 이분법적 사고로 모든 상황을 판단한다. 학기 전체가 끝난 것도 아닌데, 남은 과정이 통째로 부질없는 과정이 되어버린다. 그리고 그 부정적인 감정은 좀처럼 회복되지 않는다.

하지만 보다 합리적인 대처는 이 결과를 안타까워하거나 제대로 공부하지 못한 지난날을 잠시 후회하더라도, 결국에는 공부했던 과정을 되짚으며 문제를 점검하는 것이다. 평소보다 낮은 점수는 이 친구의 남은 한 학기 전체를 뒤흔들 이유가 되지 않는다.

준비가 되지 않은 상황에서는 시작조차 미루는 사람들, 결과가 만족스럽지 못할 때 마땅히 해야 할 일을 다 놓아버리고 자존감이 바닥을 치는 사람들, 이런 사람들은 흑백논리에 휩싸여 중요한 부분을 자주 놓친다.

사실 누구나 이와 비슷한 과정을 겪은 적이 있을 것이다. 하지만 이러한 감정은 자신의 머릿속을 스치는 수많은 생각 중 몇 개가 왜곡되어서 발생한다. 자기 생각을 교정하는 과정을 거치면 충분히 합리적으로 변화할 수 있고, 이런 생각의 오류가 교정되면 '모 아니면 도' '전부가 아니면 전무'라는 극단적인 흑백논리에서 점차 벗어날 수 있다.

세상 모든 일이 수학 문제처럼 답이 주어지는 건 아니다. 흑과 백 사이에 무수한 회색이 존재하는 것처럼 삶도 그렇다. 흰색에 가까운 회색이 있는가 하면 흑색에 가까운 회색도 있다. 흑과 백을 극단적으로 분리하려는 사고는 세상을 비합리적으로 바라보게 만든다. 그래서 흑백논리에 빠진 완벽주의자들은 조그만 실수를 전체의 실패로 인지해 삶을 발전적인 방향으로 일궈가지 못한다. 남들보다 열심히 살면서도 늘 자신이 없는 이유다.

과잉(지나친) 일반화

완벽주의자들은 한 번 일어난 일이 계속 반복될 것이라 믿는 경향이 크다. 게다가 이렇게 내린 결론은 잘 바뀌지 않으며, 걱정에 걱정을 낳곤 한다. 이를 '지나친 일반화' '과잉 일반화'라고 한다. 좋지 않은 평가를 한 번 받으면 그 경험을 바탕으로 '나는 앞으로도 부정적인 평가만 받을 거야'라며 확정하는 식이다.

하지만 앞서 설명한 다른 왜곡된 생각들처럼 사람들은 누구나 생활 속에서 크고 작은 과잉 일반화에 빠지곤 한다. 자기만의 징크스를 떠올리면 이해가 쉽다. "내가 여행 계획만 세우면 꼭 비가 오더라."와 같은 과잉 일반화는 다양한 범위의 사건 사고를 일단락 짓고 체념하게 하는 특징이 있다. 그래도 '운이 나쁘다' 정도로 끝낼 수 있는 과잉 일반화는 그나마 낫다. 완벽주의자들의 왜곡은 한층 더 부정적이다.

취업을 위해 여러 차례 면접을 보던 취준생 D씨는 면접관 한 명에게 부정적인 피드백을 받은 기억이 있다. "다른 회사 면접도 마찬가지일 거야. 난 아무래도 취직이 안 되려나 봐." 지나친 일반화의 전형적인 모습이다. 실제로 우리나라 취준생이 취업을 준비하며 겪는 고립감과 우울은 사회 문제가 될 정도로 심각하다. 그만큼 취업을 준비하는 동안에는 누구나 그 시기가 캄캄한 터널처럼 느껴져 불안하고 고통스러울 수 있다. 다행히 이 기간에만 일시적으로 좌절에 빠지는 사람도 있지만, 트라우마가 매사에 따라다니는 사람도 분명 있다. D씨도 마찬가지다. 지금껏 본 면접에서 항상 부정적인 평가를 받은 것도 아닌데 다른 긍정적인 피드백은 머릿속에서 지워진 지 오래다.

이는 사회 전반에 깔린 고정관념이 쉽게 범하는 오류이기도 하다. 특히 현대인들은 '가짜 뉴스'로 상당히 피로를 겪는다. 과거에는 양질의 정보를 얻을 수 있는 계층이 정해져 있어서 정보 불균형 문제가 심각했다면, 지금은 인터넷 발달로 너무 많은 정보가 흘러들어 인지적 피로에 시달리는 사람들이 많아졌다. 그래서인지 사람들은 기사를 다 읽지도 않고 제목만 본 채 사건을 판단하고 댓글을 단다. 작은 부분으로 전체를 일반화해 가짜 뉴스를 전달하는 일도 부지기수다. 내가 특정 분야에 한번 관심을 보이면 유사 분야 콘텐츠를 계속 추천하는 유튜브 알고리즘도 지나친 일반화의 한 사례로 볼 수 있다.

우리의 생각은 한번 일반화하면 그 논리를 무너뜨리기 쉽지 않은 특성을 갖는다. 하지만 이 인지적 오류를 잘 피하면 삶에서 일어나는 좌절이나 포기 횟수도 그만큼 줄어들 수 있다.

재앙화(파국화) 사고

완벽주의자들은 '만약에' '혹시'와 같은 단어를 자주 사용한다. 미래에 발생할 다양한 경우의 수를 머릿속에 그려보고 그중 최악의 상황이 발생할 것임을 먼저 걱정하기 때문이다. 상황을 지나치게 걱정하거나 최악의 상황을 예측하는 사람, 이런 완벽주의자들은 언제, 어떻게 벌어질지 모를 최악의 결과를 두려워한다. 물론 완벽주의자가 아니더라도 재앙화 사고가 잦은 사람들은 불안, 공황을 겪을 수 있다. 합리적이지 않은 신념 때문에 재앙화 사고를 하게 되는 사람들은 부정적인 생각이 꼬리에 꼬리를 문다. 그러다 보면 사건의 처음과 끝은 전혀 연관성 없는 방향으로 흘러가곤 한다.

평소 업무 능력을 인정받는 직장인 F씨의 사례를 예로 들어본다. 그는 입사 동기들보다 빠르게 승진해 주변의 부러움을 한몸에 받고 있다. 그리고 현재 직장에서 임원이 되기를 꿈꾸고 있기에 늘 주말까지 반납하며 열심히 일한다. 최근 F씨는 중요한 프로젝트를 맡아 추진하게 되었다. 그에게는 매우 중요한 기회였으나 중요한 고객들과 임원진들 앞에서 프레젠테이션을 진행하던 중 긴장한 나머지 말이 꼬이는 실수를 저지르고 말았다. 프레젠테이션이 끝난 후 F씨는 크게 좌절하며 자신의 실수 탓에 이 프로젝트는 결국 실패할 것이며, 자신도 승진하지 못한 채 퇴사하게 될 것이라는 생각에 빠지고 말았다.

재앙화의 오류를 겪고 있는 사람들에게 이와 같은 전개는 거의 일상과도 같다. 그들은 회사에 다니고 일을 하면서도, 친구를 만나고 집에 돌아와서도 늘 최악의 상황을 떠올리며 부정적인 감정을 크게 부풀린다. 이러한 재앙화 사고는 막연한 상상으로 불안을 키우고 타인의 평가에 자유롭지 못하게 되는 주요 원인으로 꼽힌다. 결국 이들은 사람들 사이에서 지나치게 눈치를 보거나 두려움에 떨곤 한다.

왜곡된 생각이 낳은 결과를 보고 있으면 《필링 굿》의 저자이자 미국의 심리학자인 데이비드 번스David Burns의 말이 떠오른다. 그는 "잘못된 완벽성은 인생과 자신에 대한 비현실적인 가정과 왜곡된 생각에서 기인한다"[5]고 말했다. 다른 많은 인지치료자들 또한 완벽하게 보이고 싶어 하는 사람일수록 부정적인 감정이나 생각이 합리적인 사고를 방해해 정서와 행동에 그릇된 영향을 미친다는 데 동의한다.

왜곡된 인지는 심한 경우 걱정과 불안을 뛰어넘어 회피, 강박, 미루기 같은 행동을 초래한다. 그 행동 양식에 따라 완벽주의자 유형을 나름 분류할 수 있는데, 유형별 도드라지는 특징은 뒤에서 더 살펴보기로 하자.

3장 완벽주의 성향이 높은 편입니다

완벽주의가 삶에 지장을 주려 할 때

    이름만 들어도 누구나 알 법한 게임을 개발한 유명 개발자가 있다. 현재 그는 규모 있는 게임 회사를 이끄는 수장이 되었고, 공식적인 자리에서도 게임을 만들 때 완벽주의가 얼마나 큰 힘을 발휘하는지 자주 언급하곤 한다. 어떤 일을 해야겠다 마음먹으면 성공에 이르기까지 포기하지 않는 것, 개발을 위해 몰두하는 태도 등 언론에 비친 그의 모습은 전형적인 안정형 완벽주의자에 해당했다.

    그가 히트시킨 PC 온라인 게임은 현재 모바일 형태로도 개발되어 구글플레이 매출 상위 순위를 휩쓸고 있다. 하지만 이 모바일 게임의 출시를 앞두고 우려의 목소리도 있었다. 모바일 게임

시장은 특성상 주기가 짧아 주로 개발은 외부에 맡기고 유통에 집중하는 편인데, 이 대표는 내부 개발까지 도맡아 막대한 자본과 인력을 투자했기 때문이다. 실제로 이 회사는 모바일 게임 평균 제작 기간인 1년을 훌쩍 넘어 출시 일정을 네 차례나 미루기도 했다. 테스트 결과가 완벽주의자인 대표 성에 차지 않았기 때문일 것이다. 게임이 개발되는 과정에서도 대표가 직접 개발실을 찾아 테스트 및 향후 일정을 챙겼다고도 알려졌다.

이처럼 포기하지 않는 집념과 지속성은 완벽주의의 긍정성이라고 할 수 있다. 하지만 완벽주의의 긍정성 대신 부정성이 우위를 차지할 경우, 상황은 전혀 다른 국면으로 달려간다. 여기 다른 개발자의 이야기를 소개한다. 인기 있는 게임을 개발하고 이름을 날린 그는 후속 게임을 준비하고 있었다. 하지만 지나친 꼼꼼함 때문이었을까, 아니면 주변의 과도한 기대 때문이었을까. 그는 좀처럼 새로운 작품을 만들어내지 못했다. 주변 사람들도 기다림에 지쳐갔다. 대략적인 방향이라도 나와야 다른 개발자들과 함께 수정해 게임을 완성할 텐데, 이 개발자는 디테일한 부분이 마음처럼 되지 않는다며 다음 단계로 넘어가지 못했다. 그렇게 완성은 점점 멀어지기만 했다.

완벽주의 성향이라는 것은 이렇게 긍정적, 부정적 측면을 모두 가진다. 어떤 성향은 지나치면 독이 되고, 또 어떤 성향은 약이 된다. 이제 그 성향을 미리 진단할 수 있는 다양한 척도에 관한 이야기를 해보려 한다.

☕ 완벽주의 성향을 파악하는 척도

1990년대 이전만 해도 완벽주의자들은 '당위성의 폭정'[1] '상황이 요구하는 것 이상의 높은 수준을 자신이나 타인에게 요구하는 것'[2] '자신의 가치를 전적으로 생산성과 성취에 기반해 평가하는 사람들'[3]로 분석되었다. 하지만 연구 자료처럼 완벽주의자를 '작은 실수도 용납하지 못하는 강박증 환자' '자신이 모든 문제를 완벽히 해결할 존재라고 믿는 병리적인 사람들'로만 이해한다면 특정 영역에서 고무적인 결과를 낸 사람들은 어떻게 설명할수 있을까.

앞 장에서 잠시 언급했던 것처럼 사회에서 완벽주의 성향을 긍정적으로 평가하기 시작한 역사는 그리 길지 않다. 완벽주의를 연구하는 학자들이 지금까지 심도 있게 다루는 다차원적 완벽주의 척도MPS는 완벽주의의 긍정성을 평가하기 위한 설문 도구인데, 척도를 개발한 연구자들의 이름을 따서 '프로스트 교수팀의 다차원적 완벽주의 척도FMPS' '휴잇, 플렛 교수팀의 다차원적 완벽주의 척도HMPS' 등으로 구분한다. 이 두 가지 다차원적 완벽주의 척도는 현대 사회에서 완벽주의를 분석하고 평가할 때 여전히 널리 사용되고 있다. 하지만 이런 척도로 완벽주의 관련 정의를 일목요연하게 통일하는 데는 다소 무리가 따른다.

가령 프로스트 교수의 다차원적 완벽주의 척도로 평가할 수 있는 대표적인 특징은 실수에 대한 두려움과 걱정이 얼마나 큰 지concern over mistake, 개인이 설정한 기준이 너무 높지는 않은지 personal standard, 자신이 수행한 일에 만족하고 잘 끝마쳤다고 확신 하는지doubts about action, 일을 수행할 때 체계적으로 관리하고 조 직화할 수 있는 능력이 어느 정도인지organization, 어떤 기준과 목 표를 세울 때 부모의 기대가 영향을 미치는지parental expectation, 부 모가 자신에게 무언가를 기대할 때 지나치게 비판적이라고 느끼 며 압박감을 느끼는지parental criticism이다. 이 여섯 가지 특성이 한 쪽으로 치우쳤느냐 아니냐('전혀 그렇지 않다' '보통이다' '매우 그렇 다'를 기준으로 5점 척도)에 따라 완벽주의의 긍정성이 묻힐 수도, 드러날 수도 있다.

휴잇, 플렛 교수팀의 다차원적 완벽주의 척도는 대인관계를 중심으로 완벽주의의 범위를 구분한다. 완벽주의를 어떤 특징으 로 구분하는 게 아니라 누가 완벽을 원하는지, 누구에게 완벽을 요구하는지가 중심이 된다. 이게 앞 장에서 설명한 자기지향적 완벽주의(나 → 나), 타인지향적 완벽주의(나 → 타인), 사회부과적 완벽주의(타인 혹은 사회 → 나)다.

1991년 이후 완벽주의 성향을 연구하는 학자들은 두 가지 다차원적 완벽주의 척도로 파생될 수 있는 다양한 현상에 주목했다. 이론을 바탕으로 대상자를 관찰하거나 설문해 그들의 경험이 어떤 요인으로 긍정적 혹은 부정적으로 극대화하는지를 분석한 것이다. 그로 인해 이제는 완벽주의를 어떻게 하면 건강하게 가져갈 수 있을까를 고민하는 단계에 이르렀다.

☕ 완벽주의자의 성격

우리가 완벽주의 성향을 지닌 사람들의 공통된 성격을 이렇게 논의할 수 있는 것도 어찌 보면 위에서 말한 선행 연구들 덕분이다. 하지만 이론적으로 정리된 완벽주의 성향이나 척도 이야기는 아무리 자세히 읽어도 내 삶과 조금 동떨어지게 느껴진다. 이 내용을 쉽게 받아들이려면 완벽주의를 성격personality이라는 개념으로 살펴볼 필요가 있다.

심리학에서는 성격을 '선천적으로 타고난 기질이 외부 사건, 스트레스, 양육 같은 환경적 요인의 영향을 받아 형성되는 것'으로 본다. 완벽주의 성향을 지닌 사람들은 기질적으로 매우 예민한 편에 속한다. 이들은 두려움이나 불안 등의 정서성emotionality이 매우 높게 나타나는 사람들로 자극의 미묘한 차이를 구분할 수 있고, 그만큼 돌발 상황에 쉽게 압도당한다. 이렇게 민감한 신경 시스템을 타고난 사람들을 매우 예민한 사람highly sensitive persons: HSP이라 부른다.

직업 특성상 나는 완벽주의 성향에 HSP 기질까지 타고난 환자를 종종 만나게 된다. 교사로 근무하다 아이가 태어나 휴직을 결정한 A씨도 그랬다. 그는 기본적으로 주변 눈치를 많이 보고, 민감성이 높은 성격이었다. 게다가 육아 휴직 기간 동안 경제적인 문제로 남편과 갈등을 겪으며 자존감이 많이 낮아진 상태였다. "둘이 벌다 하나 벌어서 그런가, 돈 쓸 때마다 너무 눈치를 줘요." "저는 애 키우랴, 살림하랴 정말 최선을 다하고 있는데 도대체 뭘 더 어쩌라는 걸까요?" "제가 너무 부족한 사람이라 그래요. 더는 못 버티겠어요."

A씨는 '자책하는 완벽주의자'에 다소 예민한 기질을 타고난 성격의 전형이다. 이런 사람들은 상대방의 말이나 태도를 자주 오해해 과도하게 자신을 나무라고 탓한다. A씨의 남편 이야기를 들어보면 그저 경제적으로 셈이 빠르고 꼼꼼한 성격이라서 돈 문제를 걱정했던 것이지, A씨를 탓한 것은 아니라고 한다. 그런데

A씨는 자신이 바꿀 수 없는 특정 환경(육아 휴직으로 가정 수입이 줄어듦)이 펼쳐진 데다 독심술의 오류까지 덧붙여 자책, 좌절, 불안을 떠안게 되었다. 그녀는 운명이라는 큰 벽에 부딪히기라도 한 사람처럼 자주 좌절한 표정을 지었지만, 사실 이는 그리 비관적인 상황이 아니다. 육아 휴직 기간이란 끝이 있고, 복직만 하면 지금 겪는 경제적 고민이 자연스럽게 해결될 것이기 때문이다. 그래서 나는 A씨에게 더 당당해도 된다고 말해줬다.

완벽주의자의 또 다른 공통점은 성실함이다. 완벽주의자들은 성취를 중요시하기에 가만히 있을 수 없다. 목표가 생기면 누구보다 꾸준히 노력하지만, 실수에 대한 염려가 높을수록 그만큼 주의력 있게 행동해 속도가 느려지기도 한다. 이런 경우 목표를 완수하기 위해 더 시간을 쪼개 움직인다. 진화 성격 심리학자인 대니얼 네틀Daniel Nettle은 저서 《성격의 탄생》에서 인간의 진화론적 성격 특성을 이해하기 위한 다섯 가지 요인(외향성, 신경성, 성실성, 친화성, 개방성)을 소개하는데, 여기에도 성실성이 등장한다. 이 다섯 가지 요인의 수치가 높고 낮음에 따라 성격의 차이가 발생한다는 관점이다.

하지만 모든 요인은 양면성을 가진다. 성실성은 계획적이고 절제력이 있다는 장점과 순발력과 융통성이 부족하다는 단점을 동시에 지니고 있다. 더불어 성실성이 높은 사람은 직업적으로 성공할 확률이 높다는 대니얼 네틀의 연구 결과를 보면서 한 가지 사실을 더 짐작할 수 있다. 성실한 완벽주의자가 겉으로 드러내지 못하는 고통과 눈물이 분명 어딘가에 내재하리라는 점이다.

강박 역시 완벽주의자들의 공통적 성격 특징 중 하나다. 이들은 극도로 신중하고 세부적인 사안에 몰입한다. 그리고 실수하지 않았는지를 반복적으로 확인한다. 이런 성격적 특징은 단지 일할 때만 적용되는 것이 아니다. 디테일은 이들에게 삶의 일부분이나 다름없다. 그래서 취미나 여가, 심지어 연애마저 일로 만드는 탁월한 능력자다. 무엇이든 잘하고 열심히 해야 하는 이들은 일 외의 시간을 보내는 방식마저 진지하고 심각하다. 운동을 시작해야겠다 마음먹으면 방향성부터 잡고 운동 강도와 목표를 설정해 매일 자신을 몰아붙인다.

실제로 여가 스포츠 활동과 다차원 완벽주의 관계를 살핀 한 연구[4]에서는 자기지향적 완벽주의 성향, 타인지향적 완벽주의 성향이 높은 대상자들일수록 6개월 이상 꾸준히 여가 스포츠를 즐기는 경향이 있는 것으로 밝혀졌다. 이 활동으로 얻는 개인의 만족도도 꽤 높았는데, 여가를 통해 신체 건강이 좋아지고 자기 긍정감도 높아진 것이다. 다만 지나친 강박으로 몸을 상하게 하는 완벽주의자도 있을 수 있다. 최근 유행하는 바디프로필에 도전하는 이들 중 지나친 강도로 훈련하거나 과도하게 절식하는 등

정도를 넘어서는 사람들이 이에 해당한다. 운동으로 건강을 유지하고 이를 기록해두고 싶은 마음에서 시작했으나 자신도 모르는 사이 운동과 식사에 강박을 갖게 된 것이다. 자신과의 약속을 넘어서 가혹하게 자신을 몰아치거나, 타인의 시선이나 인정을 생각해 무리하다 병이 난다면 오히려 완벽한 신체와 건강은 점점 멀어질 수밖에 없음을 유의하자.

☕ 나는 이만하면 괜찮은 완벽주의자?

성격으로 완벽주의 성향을 살펴보니 어떤가. 완벽주의로 파생된 특정 기질을 '긍정적이다' 혹은 '부정적이다'로 나눌 필요가 딱히 없어 보이기도 한다. 그렇다. 완벽주의 성향은 무조건 좋은 것도, 나쁜 것도 아니기에 '어떻게 해야 내가 가진 완벽주의 성향을 잘 조절할 수 있을까?'를 고민하는 편이 더 현명하다. 완벽주의 기질 혹은 성향을 지닌 사람들이 평균 이상의 성과를 내는 것 또한 부정할 수 없는 사실이니 말이다.

이는 몇몇 연구로도 이미 확인된 부분이다. 그중 완벽주의 성향을 정상적 완벽주의와 신경증적 완벽주의로 구분한 심리학자 해머체크D. E. Hamacheck의 말이 특히 인상 깊다. 그는 정상적 완벽주의자를 "힘들게 노력하면서도 진정한 기쁨을 느끼는 사람들이며, 지속적으로 일하면서 더 향상될 수 있도록 노력하는 사람들"[5]이라 정의했다.

완벽주의자의 자기관리 및 시간 조절 능력은 더하거나 뺄 것 없이 그 자체로 뛰어나다. 거기에 자제력까지 갖추고 있으니 나쁘지 않은 결과를 내는 것은 어쩌면 당연한 듯하다. 그래서 나는 인지치료자 입장에서 완벽주의에 다가설 때 완벽주의 척도 중 부정성으로 연결될 만한 감정을 다스리는 데 초점을 둔다.

여러 차례 나와 상담을 진행했던 B씨도 그랬다. 처음 상담할 때만 해도 자신의 문제점과 어려움을 노트에 빽빽하게 기록하며 해결될 수 없는 문제만 붙들고 토로했던 그였다. 인지치료로 접근할 때 나는 그에게 이론적으로는 가능하지만 현실적으로는 이루기 힘든 기준 자체를 고쳐 적도록 독려했다. 가령 '내 분야에서 최고가 되기' '마음 편하게 걱정 없는 상태가 되기'와 같은 목표는 '내 분야에서 지속적으로 성장할 수 있도록 노력하기' '때로는 걱정이 생길 수 있는데, 걱정되는 요인 중 내 힘으로 바꿀 수 있는 것과 없는 것을 구분하기'처럼 조금 더 구체성을 띠는 항목으로 바꾸라는 식이었다. 그때 B씨가 내게 이렇게 대답했다. "그럼 다른 사람들은 저처럼 생각하지 않는 건가요?"

B씨는 오랫동안 '남들에게 인정받을 만한 성과를 내야 한다'

라는 기준을 고수하며 회사 생활을 이어갔다. 그리고 주변 사람들도 당연히 자신에게 그런 점을 기대한다고 생각했다. 그 기준이 비현실적이었다는 사실, 사람들이 항상 자기에게 괄목할 만한 성과를 기대하는 건 아니라는 점을 깨닫자 훨씬 마음이 편해졌다. 무엇보다 자신의 가치관을 뒤집어도 아무런 문제가 일어나지 않는다는 것을 깨닫자 일하는 과정이 전보다 더 즐겁게 느껴진다고 했다. 자신의 장점인 지속성, 성실함을 유지하면서도 완벽주의의 부정성을 조절할 수 있음을 직접 경험한 것이다.

우수한 능력을 지닌 이들 중에는 필연적으로 완벽주의자가 포함돼 있다. 이런 사람들이 경쟁과 압박을 이겨낼 수 있는 원동력은 결국 완벽주의 성향을 얼마나 잘 조절하고, 건강하게 가져가느냐에 달렸다.

내가 속한 YD퍼포먼스 인지행동 치료 연구팀은 서울대학교 의과대학(서울의대) 학생들의 학업 성취도와 심리 요인의 관계를 살피는 연구를 진행한 적이 있다. 그 결과치는 왜 우리가 건강한 완벽주의를 지향해야 하는지를 알려준다.

서울의대 학생들은 다른 서울권 대학생과 비교했을 때 완벽주의 성향이, 그중에서도 사회가 부과하는 완벽주의 성향이 오히려 낮았다. 자신이 원하는 방향을 정확히 알고 공부하니 성취도나 효능감이 따라왔다고도 해석할 수 있다. 이들은 공부는 스스로와

의 싸움이지 누군가와 경쟁하는 것이 아님을 잘 알고 있다. 그러
니 완벽주의가 주는 압박과 불안에 잠식될 리도 없다.

완벽주의의 늪에 빠진 사람들

학창 시절 주변의 기대에 늘 부응하고 인기 많은 유형의 친구를 한 번쯤 만나본 적 있을 것이다. 공부도 잘하고 가정환경도 그늘진 곳이 없어 보이며, 심지어 외모까지 출중하다. 그중 정말 흠을 찾을 수 없을 정도로 성품이 좋은 친구도 있지만, 앞뒤가 다른 친구도 간혹 보게 된다. 성적과 부, 외모 등으로 상대를 판단하며 기준에 차지 않는 친구들을 쉽게 무시하는 유형이다.

이런 친구들은 겉으로 늘 당당하고 자존감이 높은 듯하지만 실상은 그렇지 않은 경우가 많다. 이들이 성적이나 자신에게 이득이라 생각하는 부분에 늘 성실한 이유는 '조금만 무너져도 비난과 멸시가 나를 향할 거야'라는 두려움에서 비롯된다. 위태로운 모래성 같은 상태라는 의미다. 이들은 지나는 말, 핀잔 같은 작은 요소에도 와르르 무너질 수 있다. 그들을 살아가게 하는 힘이 타인의 평가, 즉 '평판'에 달렸기 때문이다.

☕ 양육 환경으로 완벽주의가 대물림된다

자신이 이룬 어떤 성과나 결과로 타인의 인정을 받고자 하는 마음은 '자기애'와도 관련이 있다. 요즘은 '자기애'를 '자존감'과 거의 동격 의미로 사용하고 있지만, 기본적으로 자기애는 완벽주의자를 설명할 때 단골로 등장하는 특징 중 하나다. 자기애 성향이 강한 사람은 타인보다 우월해지길 바라거나 인정받고 싶은 욕구도 강하다. 이를 추구하는 과정에서 더 완벽해지려는 경향을 보이기도 한다.

물론 정상적인 자기애는 자신과 타인을 함께 존중할 수 있고 자아를 더 성숙한 단계로 발전시킨다. 하지만 과도하게 자신에게 몰입해 '나는 완벽해' '모두 날 좋아해야 해' '누구도 나를 무시할 수 없어' '나는 저런 애랑 완전히 다른 부류야'와 같은 주문을 되뇌면 자기중심적인 성격이 될 수 있다. 자기애적 특징에 따라 어떤 유형은 타인의 평가와 반응에 민감하게 반응해 쉽게 수치심을 느끼기도 한다. 이는 사회부과적 완벽주의 성향과도 어느 정도 일치한다.

여기서 우리는 정신분석학자 하인츠 코헛Heinz Kohut의 이론을 참고할 필요가 있다. 그는 생애 초기부터 이뤄지는 양육 과정 중 부모가 아이의 필요나 소망에 따라 적절히 반응해주면 아이는 자아 존중감을 얻게 되고, 자기애적 욕구를 충족할 수 있다고 설명했다.[6] 반면 성장하는 동안 부모에게 제대로 인정받지 못하거나 충분히 공감받지 못해서 자기감sense of self이 손상된 아이들은 그 느낌을 줄이고자 더 완벽을 추구하게 된다.

정리하면 자기애적 특징이 왜곡된 채 자란 아이는 지나치게 잘난 척하거나 과시하는 태도를 보이기도 하고, 타인에게 언제나 관심을 받아야 하는 유형으로 자라날 가능성이 크다. 과도하게 자신에게 몰입하는 병리적 자기애가 스스로를 '인정 중독'에 빠뜨리는 셈이다. 이들은 대개 야심이 강하고 칭찬에 과도하게 의존하며, 부와 권력, 아름다움을 열망하는 특징을 보인다.[7] 또한 타인의 인정을 갈구하면서도 정작 타인에게 크게 관심이 없으며 공감 능력이 떨어지는 등 극단적인 자기중심성을 보이기도 한다. 이러한 특성은 타인에 대한 공감 없이 자신의 기준을 강요하는 감독형 완벽주의자들에게서 흔히 보이는 특징이기도 하다.

자기애적 특징과 완벽주의 성향이 어느 정도 일치하기 때문인지 완벽주의를 연구하는 학자들은 일찍이 자기애와 가정 양육 환경을 두루 살펴야 한다는 데 의견을 모았다. 1996년에는 부모의 양육 태도가 권위적일수록 자녀의 완벽주의 성향이 높아진다는 연구 결과를 발표하기도 했다.[8] 실제로 주변의 기대나 관심을 갈망하는 어린 완벽주의자의 부모를 살펴보면 이들 또한 타인부과적 완벽주의 척도가 높게 나오곤 한다.

타인부과적 완벽주의 성향이 높은 부모는 자식이 더 잘되길 바라는 마음에 칭찬을 유보하는 경향이 있다. 마음 아픈 일이지만 이러한 부모 아래서 자란 자녀들은 자기 존재만으로 사랑받은 적이 한 번도 없다고 느끼며 성장한다. 그렇기에 어른이 되어서도 계속 타인의 인정을 갈구한다. 크게 만족을 경험한 적도 없으니 계속 자신을 채찍질하며 부족한 부분이나 결점을 찾아 없애려 한다.

자녀가 잘못되길 바라는 마음에서 그리 행동하는 부모는 없을 것이다. 하지만 어린 시절, 전인격적으로 충분히 인정받고 자라는 아이들(물론 지나친 칭찬, 과잉보호도 주의해야 한다)이 오히려 더 큰 자신감을 장착한 채 사회로 나오는 것 또한 바뀌지 않는 사실이다.

양육 과정에서 가장 중요한 경험은 일상적인 실망이다. 이 과정으로 우리는 '완벽함'이라는 비현실적인 기대를 어느 정도 깨뜨릴 수 있다. 건강한 발달과 성장은 아이가 감당할 수 있을 정도의 좌절을 안전한 환경 안에서 경험하게 두는 것임을 잊지 말자.

❋ 평가에 민감한 사람들

기질적으로 예민한 사람, 두려움의 정서 수준이 높은 사람이 있다. 걸음을 떼기도 전에 조심성을 보이는 아이들이 이런 경우다. 여러 번 일어서려다 주저앉기를 반복한 뒤 걷기 시작하는 아이도 있지만, 붙잡을 게 있어야만 조심스레 엉덩이를 떼고 다리를 펴보는 아이도 있다. 물론 후자가 예민함, 두려움의 정서 수준이 더 높은 쪽이다. 이런 아이들은 자책형 완벽주의에 시달리기 좋은 조건을 이미 타고났다고 봐야 한다. 그들은 보상과 처벌에 민감하기에 자연스럽게 실수를 두려워하는, 비판에 민감한 사람으로 자라기 쉽다.

이런 기질을 가진 아이들이 엎친 데 덮친 격으로 유년 시절부터 완벽하길 바라는 부모의 압박을 꾸준히 느꼈거나 그 기대를 만족시키려고 무리하며 자랐다고 생각해보라. 심리학자 해머체크와 정신의학자 미실다인W. H. Missildine도 완벽주의 부모 슬하에 자란 자녀들은 일찍부터 "자신이 완벽해야 부모의 승인을 받을 수 있다"[9]는 점을 학습한다고 했다. 이런 양육 환경에서 자녀가 할 수 있는 일은 극히 드물다. 그저 부모를 기쁘게 하려고 끝없이 노력할 뿐이다.

내 진료실을 찾는 청소년 환자 중 상당수는 학업 성취도가 높고, 부모의 지원과 응원도 아낌없이 받는 편이다. 이렇게 좋은 환경에 속한 학생들이 도대체 무엇이 그리 힘들어 정신과 의사를 찾은 것인지 의아할 수도 있다. 그런데 그들의 이야기를 들으며 문제의 근원을 찾다 보면 십중팔구 완벽주의가 발견된다. 본인은 물론이고 부모 중 적어도 한쪽은 성취에 대한 기대감과 압력을 지나치게 주입해왔던 것이다.

더 안타까운 현실은 당장은 자녀의 불안과 우울을 해결하고 싶다고 하면서도 부모가 진짜 걱정하는 부분은 다른 데 있다는 점이다. 이들 부모는 부정적인 감정 때문에 아이의 학업 성취도가 더 떨어질까, 성적을 영영 회복할 수 없을까 봐 걱정한다. 그리고 떨어진 성적, 아이가 겪고 있는 심리적 어려움을 '자녀의 유약함'으로 치부해버리기도 한다.

완벽주의를 추구하는 사람들이 가장 무너지기 쉬운 조건은 바로 무시나 멸시, 인정받지 못하는 상황이 반복될 때다. 이럴 때 그들의 자기애는 크게 상처받고 손상된다. 부모의 실망을 면전에서 경험한 청소년은 심리적 문제를 제대로 해결하지 못한 채 성장하고, 사회인이 되어서도 타인의 시선과 평가에 민감해지기 쉽다. 우리 뇌에는 감정 기억을 저장하는 편도체가 있는데, 부정적인 기억이 여기에 고스란히 모이기 때문이다. 부정적인 감정은 뇌 속에 저장되어 있다가 특정 조건이 맞아떨어졌을 때 민감하게 반응한다. 물론 시간이 흐르고 긍정적인 경험이 쌓일수록 회복될 수는 있다. 하지만 제때 문제를 해결하지 않으면 지나친 인정 욕구가 결국 마음의 병을 가져올 수 있다.

☕ 타인의 인정이 삶의 목표가 될 수는 없다

요즘 세상에는 겉으로 드러나지 않아서 그렇지 완벽주의 성향과 아슬아슬하게 줄타기하며 지내는 사람이 정말 많다. 이 문제의 심각성이 티 나지 않는 가장 큰 이유는 심리적으로 혹은 신체적으로 증상이 생기기 전에는 그 누구도 정신건강의학과 진료실을 찾지 않기 때문이다. 강박, 번아웃, 공황장애, 무대 공포증, 우울증 등 삶의 일부분을 뒤흔드는 문제가 발생하면 그제야 병원을 찾는다.

앞에서 부모가 완벽주의자인 경우에 자녀도 고통스러울 수 있다는 점을 설명했는데, 아이러니한 점은 자신이 완벽주의자임을 인정하는 부모들도 자녀는 좀 더 편히 세상을 살아갔으면 하고 바란다는 것이다. 어쩌면 타인의 인정에 기대며 살아가는 게 얼마나 피곤한 일인지 누구보다 잘 알고 있기 때문은 아닐까.

하지만 인정받는 게 삶의 목표가 될 수는 없다. 타인의 인정이 완벽주의자에게 순간의 만족을 주기는 하지만, 그 시간이 그리 오래가지 않기 때문이다. 어차피 또 다른 성취와 인정에 목말라 있으니 기쁨이 지속되는 건 현실적으로 어렵다고 봐야 한다.

미국 조지메이슨대학교 심리학과 교수인 준 프라이스 탱지 June Price Tangnney 박사가 말한 대로 완벽주의자에게는 수치심, 창피함, 죄책감 같은 감정이 주로 따라다닌다.[10] 이럴 때는 자존감의 생성 방향을 바꿀 필요가 있다. 타인의 인정으로부터 쌓이는 게 아니라, 내 만족으로부터 높아질 수 있도록 노력하는 방법이다. 즉, '인정'이라는 감정을 남들에게 바라는 게 아니라 스스로 나를 먼저 인정해주고 사랑할 때 자존감은 자연스럽게 높아진다. 그러다 보면 인정받을 수 없는 상황이 닥쳐도 크게 고통스럽지 않게 고비를 넘길 수 있다.

건국대학교병원 정신건강의학과 교수이자 전문의인 하지현 박사는 그의 저서 《고민이 고민입니다》에서 "정상성은 완벽해지는 것이 아니라, 완벽할 필요가 없으며 나만 예외가 아니라는 것을 인정하는 데서 시작한다"고 말했다. 세상이 복잡해질수록 완벽주의자들은 어쩔 수 없이 더 많은 고민을 떠안는다. 하지만 기준을 나에게 두는 연습이 곧 마음의 면역력을 키우는 방법임을 기억하자.

완벽하려는 강박이 불러오는 이상 증세

　사람들은 때때로 기뻐하고, 때때로 슬퍼하며 삶을 이어간다.

　어떤 순간에는 감당할 수 없는 감정에 매몰되어 생전 겪어본 적 없는 괴로움에 휘청거리기도 한다. 이럴 때 사람들은 나와 같은 정신건강의학과 의사를 찾는다. 누군가는 끓어오르는 화와 분노를 조절하지 못해서 힘들어하고, 또 누군가는 언제나 최악의 상황만을 그리며 불안에 떠느라 좀처럼 앞으로 나아가지 못한다. 누군가는 슬픔에 파묻힌 뒤 도통 빠져나올 수 없어서, 또 누군가는 사람이 많은 곳에 가면 숨이 막힐 듯 호흡이 가빠져서 고통받는다. 이들은 이 낯선 감정과 증상을 어떻게 다뤄야 하는지 알지 못해 답답해한다.

기쁨, 행복, 사랑, 슬픔, 분노, 공포 등 인간이 경험할 수 있는 무수한 감정은 뇌의 변연계 작용으로 만들어진다. 정신의학적 입장에서 부정적인 감정이 발생하는 것 자체를 문제로 보지는 않지만, 그 감정을 제대로 처리하지 못했을 때는 이상 반응을 일으킬 수 있다고 본다. 부정적인 감정 자체는 잘못이 없다. 때로는 이러한 감정도 필요하다. 쉬운 예로 두려움을 느낄 때 우리는 위험을 피하게 되고, 슬프거나 상실감을 느낄 때 나를 버겁게 하는 무언가를 포기한다. 그리고 사랑이나 보상이 필요할 때는 그에 합당한 결정을 내릴 수도 있다.

❀ 완벽주의자가 감정을 대하는 방식

내 안에서 어떤 감정이 일어나고 있느냐 하는 문제보다 더 중요한 점은 '어떻게 감정을 받아들이고 조절하고 있느냐'이다. 많은 이들이 자기 안에서 일어나는 불편한 감정에 쉽게 적응하지 못하는 이유는 감정을 표출하기보다 의식적으로 누르는 데 더 익숙해졌기 때문이다. 하지만 의식에서 이 문제를 뒤로했다 하더라도 감정 자체가 사라지지는 않는다. 인간은 심리적 안정감을 유지하기 위해 '방어기제'라고 하는 여러 가지 방식을 사용하는데,

그중 회피나 억압, 전치displacement(불쾌한 기분이나 충동을 덜 위협적으로 보이는 상대에게 풀어버리는 방식이다) 등 성숙하지 못한 방법을 택하기도 한다. 이런 방식이 순간의 감정을 빠르게 환기하도록 돕기도 하지만, 계속 피하거나 지나치게 누르기만 하면 나중에 반드시 탈이 난다. 쓰레기가 가득 찬 봉투를 계속 누르다 보면 옆으로 터져 나오는 것처럼 해결되지 않은 감정들은 예상치 못한 순간에 불쑥 튀어나와 우리를 곤란하게 한다.

완벽주의 성향이 강한 사람들이 감정을 대하는 방식을 이해하려면 이들의 남다른 특징을 하나 알아둬야 한다. 평소 어떤 일에서든 높은 기대와 이상을 가지고 살아가는 이들은 감정도 이상적으로 바라본다. 예를 들면 자신 앞에 놓인 인생길에는 늘 긍정적인 감정과 결과만이 따라와야 한다고 믿는 식이다. 그래서 부정적인 감정이 느껴질 때 오히려 이를 완강히 거부하고, 이런 감정을 느끼는 상황 자체를 실패로 여기며 죄책감을 느끼기도 한다. 자신이 부정적인 감정에 젖었다면 그대로 '약한 인간'이 된다고 여기는 것이다. 나는 이를 '감정적 완벽주의'라고 부르는데, 완벽주의자가 자신의 감정을 인정하지 못하고 회피하는 이유는 이 때문이다.

완벽의 기준을 자기에게 두고 있는 유형은 그나마 다행이다. 이들은 실패에 크게 연연하지 않기 때문에 부정적인 감정을 느껴도 이에 능동적으로 반응한다. 손실과 이익을 확인하면서 대책을 세우고, 문제를 직시하고 해결하는 데 초점을 둔다. 감정의 실체를 정확히 이해하지 못해 뒤탈을 겪기 쉬운 유형은 타인의 평가를 지나치게 염려하는 자책형 완벽주의자들과 불안한 감정에서 도망치려는 회피형 완벽주의자들이다.

자책형 완벽주의자들이 느끼는 부정적인 감정은 '우울'인 경우가 대부분이다. 그런데 그때그때 감정을 인정하지 않고 쌓아두기만 하니 그 감정이 눈덩이처럼 불어나고 만다. 원치 않는 생각이 계속 떠올라 우울이 증폭되는 상태에 빠지고 마는 것이다. 이를 정신의학에서는 반추rumination라고 한다. 부정성을 지닌 감정 중 일부는 경험이 쌓이거나 시간이 지나면서 서서히 옅어지기도 한다. 그런데 평가에 예민한 완벽주의자들은 소가 되새김질하듯 생각을 자꾸 되풀이(반추)해 이 경험을 곱씹고 있으니 해결의 실마리가 보이지 않는다.

감정을 외면하지는 않더라도 표현하기를 거부하면 문제가 될 수 있다. 사람의 감정은 롤러코스터처럼 오르내리며 균형을 이뤄간다. 기쁨과 슬픔이 공존할 때 각자에게 잘 맞는 감정 표현 방식을 찾아갈 수 있다. 정신의학에서 추천하는 건강한 감정 표현 방식은 '인정'에서 출발한다. 그런 다음 이를 적절히 표현해 부정적인 감정을 조절할 수 있어야 한다. 이 조절 능력이 고장 나면 사회에서 결코 받아들일 수 없는 방식으로 감정을 표현하는 사람이 된다. 지나치게 질투하는 사람, 별것 아닌 일로 크게 화를 내는 사람, 늘 불안해 보이는 사람처럼 위태로운 존재가 되는 것이다.

가까운 사람에게 자신의 감정을 솔직히 털어놓는 것, 차분히 앉아 글을 써보는 것 등이 건강한 감정 표현 방식이다. 그런데 자책형 완벽주의 성향이 강한 사람들은 자신의 부정적인 감정을 깨달아도 뭔가 잘못되고 있다고 생각해 감정을 부정하고, 감정 표현뿐 아니라 의식화 과정 자체를 억압하기도 한다.

❋ 완벽주의자를 누르고 있는 감정들

삶에서 일어나는 보편적인 감정은 긍정적이든 부정적이든 모두 필요한 존재다. 이런 다채로운 감정을 조절하는 능력을 키울수록 삶은 더 풍요로워지고, 인간의 자아 또한 진정한 성숙 단계에 이른다고 믿고 있다. 정신분석학의 아버지 지그문트 프로이트Sigmund Freud 또한 "정서를 표현하지 않고 억압할 때 여러 가지 심리적, 신체적 질병이 발생한다"[11]고 말했다.

지금부터 감정을 제대로 마주하지 못하는 완벽주의자, 부정적인 감정을 인지했어도 표현 자체를 거부하는 완벽주의자가 흔히 겪는 불안정한 정서를 소개하려 한다. 이 부정적인 감정까지 받아들였을 때 진정한 행복이 있다는 사실을 명심하자.

죄책감과 수치심

완벽주의자들은 자기 행동을 평가받을 때 죄책감을 느끼는 경우가 많다. 다른 사람이 자기를 어떻게 생각할지 늘 걱정하고, 혹여 부정적인 평가를 받으면 더 잘하지 못한 자신을 책망한다. 프로이트가 고안한 삼중 구조 모델에서 출발한 정신분석 구조 이론 structural theory은 사람의 정신이 자아 ego, 원본능 id, 초자아 superego 영역으로 이루어졌다고 분석한다. 죄책감은 어떤 행동을 결정하는 도덕적 기준을 의미하는 초자아 영역과 관련이 깊은데, 흔히 사람들은 특정 기준에 반하게 행동할 때 쉽게 죄책감을 느낀다. 그로 인해 목표를 이루지 못하면 수치심이 따라온다.

수치심은 언뜻 죄책감과 비슷해 보이지만, 평가의 주체가 조금 다르다. 행동을 평가할 때 발생하는 감정이 죄책감이라면 수치심은 자기 자신을 전반적으로 평가할 때 발생한다. 주목받으면 얼굴이 심하게 붉어지던 환자가 있었다. 그녀는 그리 춥지 않은 날씨에도 목까지 올라오는 스웨터를 입고 진료실을 찾았다. 유난히 피부가 하얗던 그녀의 고민은 실제로 홍당무처럼 자주 빨개지는 얼굴이었다. 사실 그녀의 얼굴색에 주목하는 이는 그리 많지 않았음에도 말이다. 이처럼 수치심은 이렇게 남들이 전혀 신경 쓰지 않아도 스스로 결점이 드러났다고 느낄 때 생겨난다.

완벽주의자는 늘 완벽한 모습을 보여줘야 한다는 강박이 있으니 당연히 부끄러움을 비롯한 수치심을 잘 느낀다. 하지만 단순한 부끄러움을 넘어서 자신에 대한 평가를 확대 해석해 발생하기도 한다. 사람이라면 누구나 수치심을 느끼는 영역이 있으나 완벽주의자는 이런 감정 앞에서 무력하다. 무언가 잘못되었다고 느낀 나머지 이 감정을 숨기려 하고 누군가 알아챘다고 생각하면 그 자리에서 도망치는 극단적인 모습을 상상하기도 한다.

걱정과 불안

불안은 삶에서 매우 중요한 감정이다. 진화론적으로 봤을 때 인간은 생존의 위협을 받는 상황에서 '불안'이라는 감정을 느낀다. 그리고 위기의 상황에서 심장이 빠르게 뛰거나 입이 바싹 마르는 현상, 속이 불편하고 근육이 수축하는 생리적인 반응도 함께 경험한다. 이는 인체의 자율신경계가 교감신경, 부교감신경으로 나뉘어 작용하는 탓이다. 뇌의 시상하부는 스트레스를 인지하면 호르몬을 분비해 교감신경을 자극하는데, 이때 신체는 마주한 위협 앞에서 도망갈 것인지 싸울 것인지 선택할 수 있다. 그리고 우리 몸은 이러한 투쟁-도피 반응fight-or-flight response으로 선택한 공격이나 방어, 도피 반응에 필요한 에너지를 모아 방출한다. 이 과정을 통해 몸은 다시 평온한 상태(부교감신경이 우위인 상태)로 돌아가려 한다. 불안의 에너지로 위기를 극복하는 것이다.

불안에 맞서 싸우는 쪽은 잘하면 식량이나 돈, 명예 등을 얻을 수 있었다. 겁이 많아 도망가는 쪽은 별다른 보상reward을 얻을 수는 없었지만 '생존' 자체만을 보면 더 유리했다. 실제로 지나친 불안으로 고민하는 사람들과 상담할 때 내가 그들에게 꼭 물어보는 질문이 하나 있다. "크게 다치신 적이 있나요?" 그들은 하나같이 큰 사고 없이 잘 지내왔다. 그만큼 조심성이 많고 늘 주변을 살피니 사고의 위험도 낮아지는 것이다. 그뿐 아니라 불안감 덕분에 완벽주의자들은 계획을 세우고 꾸준히 지켜나갈 수 있다. 이처럼 불안은 삶에서 자기 보호 시스템이 잘 작동하도록 돕는 필수 감정이기도 하다.

불안이 인생에 해가 될 때는 정도가 지나칠 때다. 사소한 걱정에서 시작한 감정이 불안으로 확대되는 경우가 많은데, 완벽주의자들은 규칙과 계획을 중시하는 만큼 그 지수가 높을 수밖에 없다. 그들은 규칙성이나 통제력이 통하지 않는 상황을 마주하는 게 너무나 불안하다. 특히 완벽주의자들은 건강에 대한 염려가 보통 사람들보다 높은 편인데, 혈압이 문제라며 병원을 찾은 한 환자도 그러했다.

그는 일상생활에서 아무 문제 없이 지내다가도 어느 순간 심장이 심하게 뛰고 식은땀이 흐르는 경험을 몇 번 겪은 뒤 자신의 건강 상태를 심각하게 걱정하기 시작했다. 불안한 마음에 그는 혈압, 맥박, 호흡 등을 확인하러 자주 병원에 들렀고, 평소 정상이던 혈압도 의료진 앞에서 측정하면 지나치게 높은 수치를 기록했다. 하지만 아무리 검사를 반복해도 별다른 이상소견은 발견되지 않았다. 결국 의료진은 지나친 걱정과 불안으로 환자의 순간 혈압 수치가 높아진 백의 고혈압white coat hypertension 상태로 판단했다. 그런데도 당사자는 정상 범주에서 벗어난 혈압이 너무나 신경 쓰여 견디기 어려워하며 거의 매일 병원을 방문하여 혈압을 측정했다. 이성적으로 자신이 정상이라는 사실은 누구보다 잘 알고 있었다. 하지만 병원에서 잰 혈압이 정상으로 돌아가지 않는 한 마음을 놓을 수 없을 것 같다며 답답해했다. 이처럼 과도한 불안은 현실을 왜곡하고, 삶을 정상 궤도에서 벗어나게 한다.

우울과 슬픔

완벽주의 성향이 강한 사람들이 슬픔이나 우울 같은 감정에 쉽게 압도당하는 가장 큰 이유는 비현실적인 기준을 가지고 있기 때문이다. 그러니 현실에서 반복적인 괴리감을 느낄 수밖에 없고, 여러 번 좌절하다 보면 세상을 바라보는 틀과 생각이 더 왜곡된다. 너무 이상적이기만 한 목표를 설정하니 자주 실패하고, 이때 느낀 상실감이 계속 쌓여 만성 우울이 된다. 그들은 언제나 장점보다 단점을 먼저 본다.

사람들은 슬픔과 우울을 동일시하는 경향이 있다. 둘 다 좌절과 상실감을 겪을 때 발생한다는 공통점이 있으나 이 둘은 엄연히 다른 감정이다. 슬픔은 시간이 지나면 회복되지만, 우울은 지속되어 일상생활에 지장을 준다. 슬픔이 우울 단계로 넘어가는 상황도 가능하나 순간의 우울감이 반드시 우울장애, 양극성장애(조증과 우울증이 번갈아 나타나는 현상)로 진단되는 것은 아니다. 그러니 당연히 우울하다고 상담을 요청한 모든 이들에게 항우울제를 처방하지도 않는다.

어떤 사람이 기대하던 면접에서 떨어져 의기소침해졌다고 해보자. 그는 자신이 원하는 목표에 도달하지 못했으니 당연히 상실감과 우울감, 슬픈 감정을 느낄 수 있다. 하지만 이 감정을 잘 정리해 다시 구직 활동을 시작하는 사람이 있는가 하면, 그대로 패닉에 빠져 삶의 의지가 사라져버리는 사람도 있다. '또 떨어지다니, 우울하다(실제로는 두세 번의 실패일 뿐이다)' '이건 나한테 문제가 있는 게 확실해' '난 쓸모없는 놈이야' '앞으로 취직도 못하고 형편없는 삶을 살겠지' '이렇게 살아서 뭐 하나'라는 식으로 사고가 급전개되는 사람도 있을 수 있다는 의미다.

비슷한 감정이지만 경과는 확실히 다르다. 후자는 우울증이 염려된다. 우울한 사람들의 사고는 현재와 미래에 이르는 모든 순간을 왜곡해 부정적으로 바라보는 특징이 있다. 이런 상태가 길어지면 일상생활이 무너지고 거의 매일 무기력을 느끼며 죽음을 생각하는 단계까지 갈 수 있다. 잦은 실패와 걱정으로 무기력에 빠진 완벽주의자가 있다면 이 감정이 진짜 우울증으로 번지기 전에 주의를 기울여야 한다.

☙ 완벽주의가 낳은 질병들

이번에는 완벽주의자를 압박하는 여러 감정이 실제로 마음의 병이 되는 경우를 살펴보려 한다. 사실 누구나 삶에서 집착하는 부분, 실패하면 안 된다고 다짐하는 부분이 있기 마련이지만 완벽주의 성향이 강한 사람들은 그 정도가 평균을 넘어선다. 균형이 무너진 완벽주의자는 때로는 자기를 비롯한 주변 사람들을 달달 볶기도 하고, 극한의 두려움 때문에 상처받은 내면을 숨겨 철저히 고립되기도 한다. 완벽주의 성향 자체는 심각한 병이 아니지만 이로 인한 증상이 극대화되어 실제로 질병을 낳는 경우를 사례와 함께 소개한다.

강박장애

영화 〈이보다 더 좋을 수 없다〉에는 강박증을 앓고 있는 소설가 멜빈 유달(잭 니콜슨 분)이 등장한다. 그는 길을 걸을 때 보도블록의 틈을 밟지 않으려 하고, 식당에서도 늘 같은 자리에 앉아 자신이 가져온 플라스틱 나이프와 포크로 식사한다. 유별나 보이는 이러한 특성들은 강박장애 환자들에게서 흔히 볼 수 있는 모습이다.

강박장애의 증상은 원치 않는 특정 생각이 머릿속에서 끊임없이 반복되는 '강박사고'와 그 사고로 생긴 불안을 낮추려고 같은 행동을 무한 반복하는 '강박행동'으로 나뉜다. 강박사고가 주가 되기도 하고, 강박행동이 더 도드라지는 사람도 있다. 물론 이 두 가지 증상이 모두 같이 나타나기도 한다.

강박장애의 가장 큰 손해는 삶의 질을 떨어뜨린다는 것이다. 강박사고, 강박행동을 멈출 수 없기에 다른 부분을 챙길 틈이 없으니 어쩌면 당연한 결과인 것 같기도 하다. 완벽주의자가 아니더라도 걱정이 지나친 사람은 일상생활에서 쉽게 만날 수 있지만, 머릿속을 침투하는 강박사고와 이로 인해 강박행동이 시작되었다면 조기 치료가 필요하다.

강박장애는 비합리적으로 느껴질 때가 많다. 강박증을 앓는 사람들도 대부분 자신의 머릿속에서 일어나는 강박사고를 원치 않으며, 이 시간이 불필요하다는 사실을 잘 알고 있다. 단지 의지만으로는 억제하기 어려울 뿐이다. 가령 병균이 옮을지도 모른다는 생각에 감염이나 오염을 지나치게 주의하는 결벽증이 있을 수 있다. 물건을 반드시 정해진 순서로 놔야 하는 정리벽, 반대로 어떤 물건도 버리지 못해 쌓아두는 저장 강박증, 몸이나 신체 일부가 상할까 봐 지나치게 염려하는 건강 염려증까지 그 종류도 매우 다양하다. 이러한 강박사고가 무서운 이유는 불안을 낮추기 위해 강박행동에 더 집착하게 되기 때문이다. 하지만 안타까운 점은 강박행동의 효과는 아주 일시적이다. 그래서 이들은 하루에도 몇십 번씩 손을 씻고, 모든 물건을 색과 크기 별로 정리하며, 가스 불이나 현관문을 재차 확인한다.

강박장애는 치료가 필요한 정신의학적 질병이다. 항우울제를 비롯한 약물치료와 인지행동 치료가 효과적이다. 하지만 완벽주의의 덫이 사라지지 않는 한 강박증의 불씨는 쉽게 꺼지지 않는다. 강박장애가 있는 모든 사람을 완벽주의자라 단언할 수는 없지만, 완벽주의 성향이 완화되면 왜곡된 사고를 조금 더 쉽게 바로잡을 수 있음은 분명한 사실이다.

 사례 　스스로 강박증이 있다는 사실을 알고 진료실을 찾은 사십 대 남성 A씨는 유명하다는 병원을 여러 군데 돌아다닌 경험이 있다. 그는 오염에 대한 과도한 걱정으로 강박에 시달렸다. 의사들은 하나같이 약물 치료를 권했지만 정작 그는 약물 부작용이 겁나고 걱정되어 치료를 시작하지 못하고 있었다. 약물의 치료 효과를 인정하지 않는 것도 아니고, 부작용 발생 확률이 매우 낮다는 사실도 잘 알고 있지만 시작을 결심하는 게 어렵다고 했다. 혹시 단시간에 완벽하게 강박증을 도려낼 좋은 약물이나 치료법이 있지 않을까 생각했던 그는 관련 정보를 찾다가 결국 치료 시작 시기를 놓치고 말았다. 그는 현재 강박증으로 일상생활이나 대인 관계를 이어가는 게 버거워졌다.

A씨가 바라는 완벽한 치료는 어쩌면 존재하지 않는 방법일지도 모른다. 그리고 자신에게 가장 효과적인 약물이나 치료법을 찾는다는 생각도 시작해보지 않으면 알 수 없는 부분이다. 검증된 자료나 사례를 찾아보는 신중한 태도는 물론 좋은 모습이라고 생각한다. 하지만 임상

연구 단계를 거쳐 어느 정도 부작용 대비 치료 효과가 크다는 결과를 확인했다면 마음의 결정이 필요하다.

섭식장애

"누군가는 살기 위해 먹는다고 한다. 나는 토하기 위해 먹는 인생을 살고 있는 것 같다. 내가 너무 싫다. 다 짜증나."

뉴스에 보도된 어느 십 대 소녀의 일기다. 이 학생은 중학교 2학년 때부터 지속적으로 폭식증과 거식증을 오가며 다이어트를 멈추지 못하고 있다. 음식을 먹으면 죄책감이 밀려와 토해내고, 토하는 걸 멈추지 못해 괴로울 때는 몇 끼를 연속으로 쫄쫄 굶는다. 우리나라가 십 대, 이십 대 여성의 무리한 다이어트와 섭식장애eating disorder를 문제로 인지한 것은 1990년부터이다. 당시 섭식장애를 앓고 있던 십 대, 이십 대 여성의 비율은 0.8퍼센트 정도였는데, 이 비율은 해가 갈수록 놀라운 속도로 증가하고 있다.

섭식장애는 먹는 일, 즉 섭식에 대한 조절력과 통제력을 상실한 상태를 말한다. 정신의학에서는 섭식장애를 크게 세 가지로 분류한다. 체중 증가가 두려워 먹는 양을 제한하거나 체중 증가를 막기 위한 행동을 보이는 신경성 식욕 부진증anorexia nervosa, 폭식과 부적절한 보상 행동(먹고 토하기, 이뇨제 복용, 지나친 운동 등)

을 반복하는 신경성 폭식증bulimia nervosa, 폭식은 있지만 부적절한 보상 행동은 보이지 않는 폭식 장애binge eating disorder가 있다.

섭식장애를 겪는 사람들의 공통된 특징은 미의 기준, 이상적인 신체 기준이 심하게 왜곡됐다는 점이다. 날씬한 몸매와 작은 얼굴, 군살 없는 팔다리 등 외형적인 아름다움을 암묵적으로 강조하는 외모 지상주의 탓도 있겠지만, 날씬해지려고 다이어트를 지속하는 여성들이 아름다움의 기준을 비현실적으로 설정하는 것도 큰 문제다. 본인은 다이어트에 대한 목표, 규칙, 기준 등이 뚜렷하다고 생각하지만 자세히 들여다보면 목표 자체가 현실과 동떨어져 있다.

섭식장애를 앓는 사람들은 수치심과 비하감, 죄책감을 번갈아 느끼며 거식증과 폭식증을 반복하는 경우가 많은데 우리는 이들이 느끼는 부정적인 감정에 주목할 필요가 있다. 앞서 완벽주의를 압박하는 감정으로 수치심과 죄책감을 이야기한 것을 기억하는가?

또한 이들은 통제력 상실을 가장 두려워하는데, 신체(몸매)를 완벽하게 조절해야 한다는 큰 압박감에 눌려 있다. 실제로 개인의 완벽주의 성향이나 강박증이 섭식장애를 일으키는 요인이 될 수 있다는 연구 결과[12]는 여러 차례 보고된 바 있다. 특히 폭식증을 앓는 환자들은 수치심에 더욱 예민하게 반응한다. 자신의 다

이어트 노력이 실패로 돌아갔을 때 공허한 마음을 달래고자 보상 심리로 음식을 먹는 경향이 있다는 것이다.

한 번 무너진 다이어트는 완전히 실패라는 흑백논리가 폭식으로 이어지는 경우도 많다. 이들이 음식을 먹는 이유는 식욕 때문이 아니다. 부정적인 감정을 해결하고자 소극적인 정서 조절 방법인 '폭식'을 택한 것뿐이다. 바꿔 말하면 섭식장애를 극복하기 위해서는 정서 조절 방법이 변해야 한다. 부정적인 감정과 스트레스를 건강하게 푸는 방법을 연습하는 게 좋은 해결책이 될 수 있다.

사례 키 155센티미터에 45킬로그램, 뚱뚱하지도 마르지도 않은 평균 체형이지만 B씨는 체중에 대한 고민을 놓지 못한다. 체중이 38킬로그램까지 줄어야 한다고 생각하며 매일 체중계에 올라 괴로운 나날을 보낸다. 매일 2시간 동안 PT를 받고, 다이어트에 좋다는 식품을 챙겨 먹고, 약이나 주사도 시도하지만 늘 밤에 야식을 먹어서 다이어트에 실패한다.

그녀는 비정상적인 양을 한꺼번에 먹을 정도로 폭식하지는 않지만, 무언가를 먹지 않으면 불안해서 견딜 수 없다고 한다. 저녁 식사를 마치고 집을 깨끗이 치우고 나면 특히 더 공허하다고 했다. 처음에는 그 마음을 달래려 술을 마셨지만, 술 마신 다음 날 기억이 끊기는 블랙아웃 blackout 증상을 몇 번 경험한 뒤로는 조금 더 안전한 음식을 먹기 시작했다. 급기야 전혀 배가 고프지 않은데도 마음의 안정을 위해 음식물을 먹다가 그대로 잠이 드는 날도 늘었다. 불쾌한 기분을 느끼며 불면증을 앓기보다 음식을 입에 물고 잠이 드는 게 차라리 낫다는 것이다.

아침에 일어나서 이미 소화되고 남은 빈 위장을 잡고 구토하려 해봐도 소용이 없다. 냉장고에 음식을 다 비워도, 배달 앱을 지워봐도 어느 순간 음식을 구하는 자신의 의지에 두손 두발을 다 들었다. 악순환의 고리를 끊고 싶은 마음은 굴뚝같지만 방법을 찾을 수 없어 괴롭다.

번아웃

번아웃은 문자 그대로 열정도, 체력도, 정신력도 다 태워Burn 없애버린Out 상태를 의미한다. '번아웃 증후군'이란 용어를 처음 사용한 이는 미국의 정신과 의사 허버트 프로이덴버거Herbert Freudenberger이다. 의학적으로 번아웃 증후군을 질병으로 구분하지는 않지만 2019년 세계보건기구WHO는 현대인의 관리되지 않은 직무 스트레스로 인한 번아웃에 주의할 것을 강조했다. 세계보건기구는 에너지 고갈 및 탈진, 업무 관련 심리적 거리감과 냉소적인 태도, 직무 효율 저하 등을 '번아웃'의 특징으로 꼽았다. 그만큼 현대인들이 흔히 겪는 번아웃이 업무 도중 발생하기 쉬우니 신체적으로도, 정신적으로도 꾸준히 관리와 체크가 필요하다는 의미일 것이다.

그런데 단순히 지치거나 피로한 기분을 느낀다고 해서 모두 '번아웃'으로 봐야 할까? 번아웃 진단 도구를 개발한 사회심리학자 마슬락Christina Maslach 박사는 번아웃을 정서적 탈진emotional exhaustion, 비인격화depersonalization, 성취감 감소diminished personal accomplishment라는 세 가지 개념이 모두 충족된 상태라고 정의했다.[13] 정서적 탈진은 과도한 심리적 부담으로 개인의 정서적 자원 및 에너지가 고갈된 상태다. 지속적인 업무 스트레스로 내적 에너지가 줄어든 상태, 자도 자도 늘 피곤하고 의욕이 없는 특징을 보인다. 비인격화는 반복되는 스트레스로 업무를 대하는 태도가 냉소적이고 냉담해지는 것을 의미한다. 번아웃을 경험한 사람은 일에 대한 회의감이 짙어져 업무나 고객을 대하는 태도까지 바뀔 수 있다. 성취감 감소는 업무 집중도와 효율이 떨어져 일할 때 자신의 능력을 충분히 발휘할 수 없는 상태까지 이른 것이다.

대개 이런 증상은 보통 우리가 '일 중독'이라고 말하는, 업무에 지나치게 열정적인 사람들에게 주로 나타난다. 일 중독에 빠진 사람들은 일하지 않을 때 죄책감을 느낄 정도로 일해야 한다는 강박을 강하게 느낀다. 근로시간을 한없이 늘리고 근무지를 벗어나서도 계속 일 생각만 한다. 일에 대한 강박은 높지만 즐거움은 낮은 일 중독자 중에는 완벽주의자가 압도적으로 많다고 한다. 열정을 불태우는 완벽주의자일수록 번아웃이 찾아오기 쉬운 것이다.

그런데 완벽주의자는 단순히 업무량이 많아서 번아웃에 빠지는 게 아니다. 해야 할 일이 너무 많아서도, 성과를 내지 못해서도 아니다. 더 잘하고 싶고, 모든 영역에서 인정받고 싶은 마음이 큰 완벽주의자들은 이론적으로만 가능한, 현실에서 불가능한 목표를 세우고 달리다가 번아웃을 맞이한다. 그들은 더 잘하지 못할까 봐, 인정받지 못할까 봐 두려운데 그 두려움을 감추고 더 잘하려고 애쓰다가 넘어진다. 집중해야 할 일 외에도 신경 써야 할 감정이 포화 상태이기 때문에 그렇다. 그러니 당연히 에너지 소모도 심할 수밖에 없다. 마라톤에서 페이스 조절에 실패하면 완주할 수 없다는 사실을 기억해야 한다. 열정이 넘치지 않도록 자신의 능력 범위를 초과하는 일에 부채감을 느끼지 않도록 에너지를 조절할 필요가 있다.

사례

공무원인 C씨는 두 자녀를 둔 워킹맘이다. 결혼 전까지 직장 내에서 늘 능력을 인정받았고 일하는 자기 모습에 만족했다. 사랑하는 남편과 결혼하고, 철저한 계획으로 시기까지 맞춘 임신과 출산으로 남부럽지 않은 인생의 행복을 누렸다.

하지만 복직 후 많은 것들이 달라졌다. 워킹맘의 삶은 녹록하지 않았다. 자녀를 양육하며 일에서 원하는 만큼 성과를 내기란 매우 어려웠다.

가장 힘든 부분은 풀리지 않고 계속 쌓이기만 하는 피로감이었다. 절대적인 시간이 부족하니 주어진 일을 제대로 처리하려 했을 뿐인데도 몸이 남아나지 않았다. 직장에서는 눈치 보며 가정일을 돌봤고, 가정에서는 눈치 보며 직장 일을 처리했다. 출근하면 퇴근 전까지 차 한잔 입에 대지 못하고 쉼 없이 일만 해야 할당량을 처리할 수 있는 상태였다. 그리고 도망치듯이 뛰어서 집으로 돌아오면 가사 노동이 기다리고 있었다. 아이를 재우고 밀린 일을 하려다 보니 결국 수면 시간을 줄일 수밖에 없었는데, 아이가 아파서 보육 기관에 갈 수 없는 상황이 오면 그마저도 통하지 않았다.

직장의 기대치를 채우지 못하고 있다는 압박, 자녀들에

게 좋은 엄마가 아닌 것 같다는 불안이 마음 한구석을 답답하게 했다. 가족의 행복, 커리어, 주변의 인정 등을 모두 바라기엔 시간도 체력도 부족해 그녀는 점점 지쳐갔다. '미디어나 SNS에는 다 잘해나가는 워킹맘만 있는 것 같은데, 왜 나는 그게 쉽지 않을까?' 고민하다 보면 무력감만 찾아왔고 매주 일요일 저녁만 되면 두통이 너무 심해 잠을 잘 수도 없었다.

무대 공포증

무대 위에 올라 많은 이들의 주목을 받으며 공연, 연주, 발표 등을 해야 할 때 극심한 두려움과 공포를 느끼는 것을 무대 공포증stage fright이라 한다. 정신의학에서는 이를 수행 불안performance anxiety이라고 부른다. 사회불안장애의 한 형태인 수행 불안은 여러 사람들 앞에서 평가받는 상황을 뇌가 '위협'으로 인식하면서 생기는 증상이다. 따라서 그 상황이 꼭 화려한 조명 아래 있는 무대에 서는 것을 의미하지는 않는다. 일상생활에서 부담이 느껴지는, 타인의 이목이 모이는 모든 불편한 상황을 '무대'라 볼 수 있다. 타인의 평가를 대하는 내 인식이 불안을 만드는 것이기에 나를 바라보는 눈이 딱히 없는 시험 역시 여기에 포함된다.

첫 책을 출간한 이후 무대 공포증으로 좋아하는 일 혹은 잘해 오던 직업을 포기하려는 사람들을 많이 만났다. 이들은 그 불안감을 다시는 마주하고 싶지 않다고 했다. 운이 좋게도 나는 이 분야를 수년 동안 집중적으로 연구해온 사람이고 지금은 예술, 경제, 사회, 법조, 스포츠 등 다양한 분야에 속한 사람들의 무대 공포증을 가까이서 지켜보며 이 감정을 극복할 수 있도록 돕고 있다. 그런데 내가 무대 공포증의 원인을 완벽주의에서 찾으면 의아해하는 사람들이 여전히 많다. 그들은 "저는 완벽주의자가 아닌데요? 그냥 무대에 설 때 불안할 뿐이에요."라고 말한다. 하지만 무대 공포증을 느끼는 사람들은 실수나 긴장 없는 완벽한 무대를 기대하는 경우가 많다. 그만큼 완벽주의와 무대 공포증은 상관관계가 높다는 것인데, 이는 선행 연구로도 어느 정도 증명된 바 있다.

완벽주의와 무대 공포증의 관계를 잘 보여주는 흥미로운 연구결과도 있다. 호주 멜버른대학교 심리학과 오스본M.S.Osborne 교수 연구팀은 음악을 전공하는 학생 526명을 대상으로 그들이 받은 음악교육 단계에 따라 무대 공포증이 얼마나 심하게 나타나는지를 조사했다. 상식적으로 생각했을 때 교육을 오래 받고 실력이 향상되면 무대 공포증이 줄어들어야 마땅한데 연구 결과는 정반대였다. 교육을 오래 받을수록 완벽주의 성향이 증가해 무대

공포증이 더 심해진 것이다.[14]

이처럼 후천적으로 무대 공포증이 생긴 이들 중 대부분이 실력은 늘었지만 오히려 심리적으로 위축된 상태였다. 예술중학교, 예술고등학교, 예술대학교로 올라가면서 심화 교육을 받은 학생일수록 이런 문제가 도드라졌다. 교육을 오래 받을수록 실수를 지적받고 교정하는 과정이 늘어나 자신감을 잃기 때문이 아닐까 추측한다. 그뿐 아니라 실력이 늘면 자기 자신도, 주변 사람들도 기대감이 높아지므로 실수에 대한 두려움이 커질 수 있다. 그렇게 무대 공포증도 심해지는 것이다. 실제로 내가 만난 뮤지션들은 인기를 얻거나 실력이 쌓일수록 무대를 더 두려워하는 증상을 보였다.

이 사례가 단지 음악 분야에만 적용되는 것은 아니다. 경직된 조직 분위기와 부정적인 피드백을 계속 받는 환경에 처한 사람은 누구라도 후천적 무대 공포증이 올 수 있다. 더 안타까운 점은 완벽주의 성향과 무대 공포증이 깊은 관계를 보이면 우울, 절망감 같은 부정적인 정서도 함께 나타난다는 사실이다.

완벽주의자는 무대에서 떨리는 신체 증상을 완벽히 통제하거나 자신이 긴장한 모습을 철저히 숨기려 한다. 하지만 남들 앞에서 발표하거나 무대 위에 설 때 떨리지 않는 사람은 단 한 명도 없다. 이런 불가능한 상태를 목표로 하기에 상실감, 불안, 열패감 같은 감정이 당연한 듯 뒤따라오는 것이다.

완벽히 떨지 않을 수는 없다. 우리는 두근거림, 가빠진 호흡, 식은땀, 어지러움에 조금 관대해질 필요가 있다. 자율신경계의 당연한 규칙성을 담대히 받아들이고 '실수할 수 있다' '실수해도 된다'라는 마음을 가지면 무대는 오히려 성장의 발판이 될 수 있다.

음대생 D양은 중학교 2학년부터 바이올린을 시작했다. 주변 친구들보다 늦은 나이에 시작했지만 바이올린이 너무 재밌었고, 한번 시작하면 끝을 보는 완벽주의적 성향 때문인지 실력도 빠르게 늘었다. 결국 입시에 성공해 대학교에 입학했지만 선배들과 사소한 트러블이 생기면서 학교에서 눈치 볼 일이 종종 생겼다. 그러면서 연주 상황뿐 아니라 연습 시간에도 과도하게 긴장되기 시작했다. '실수하면 안 된다' '떨면 안 된다'라는 생각 때문인지 긴장은 더 심해졌고, 조금만 실수해도 그 무대를 실패로 여기게 되었다. 그래서 무대에서 내려오면 친구나 선배의 눈을 피해 구석으로 도망치곤 했다.

무대에 설 때 불안을 줄이고 싶어 정신건강의학과를 찾아 약물 치료를 시작했지만 문제는 해결되지 않았다. 오히려 언젠가부터 약 없이는 무대에 설 수 없는 상황이 되었다. 심지어는 떨림이 잦아들지 않자 주치의와 상의도 하지 않고 임의로 복용량을 늘렸고, 처방받은 약과 함께 받은 신경안정제도 과다 복용하기 시작했다. 결국 D양은 약물 과다 복용으로 연습 도중 기억을 잃고 쓰러졌다. 눈을 떠보니 집 침대 위에 누워 있는 위험한 상황이 일어난 것이다. 이제 그녀는 무대 위에 바이올린 없이 설 수는 있어도, 약 없이는 오를 수 없을 것처럼 느껴진다.

4장 완벽주의의
균형을 찾아서

완벽주의라는 허상

　학창 시절, 나는 또래 친구 중에서도 공부를 열심히 하는 편이었다. 운도 따라줘 의과대학에 진학할 수 있었지만, 그렇다고 늘 1등만 한 것은 아니다. 더 잘하고 싶은 마음이 들수록 나를 앞서가고 있는 1등의 비결이 무척 궁금했다. 당연한 말이지만, 의과대학에 입학하니 호기심이 일 정도로 뛰어난 친구들이 너무도 많았다. 의과대학은 예과 2년, 본과 4년으로 총 6년 과정이다. 본과 과정에 들어서면 시험이 연속인 일상이 펼쳐진다. 한숨 돌리기 무섭게 다음 시험이 기다리고 있다. 같은 학년 친구들과 동고동락하며, 또 도움을 주고받으며 경쟁하다 보면 6년 세월이 무척 빠르게 흐른다.

손가락으로 일일이 세기도 어려운 잦은 시험을 치르면서 나는 상위권 친구들의 능률이 더 궁금해졌다. '도대체 쟤는 지치지도 않나? 어쩜 저렇게 꾸준히 잘할 수 있지?' 그들 중에는 이른바 눈으로만 책을 훑고도 금세 암기하는 친구, 수업을 하나도 안 듣는데도 모든 내용을 다 이해하는 친구도 있었다. 반면 평소 공부량이 많고 늘 박식해 보이지만 유달리 시험에 약한 모습을 보이는 친구도 있었다.

☕ 낮은 완벽주의, 높은 성취감

좋은 성과를 많이 내는, 소위 말하는 '천재'들과 함께 이십 대를 보내서인지 나는 자연스럽게 학업 성취도가 높은 사람들의 심리적 요인에 관심이 갔다. 앞 장에서 서울대학교 의과대학 학생들의 학업 성취도와 완벽주의 성향의 관계에 대해 짧게 언급한 바 있는데, 이번에는 관련 연구 결과를 조금 더 자세히 들여다보며 우리가 자주 상상하고 되고자 하는 '천재'를 조명해보려 한다.

YD퍼포먼스 인지행동 치료 연구팀이 서울대학교 의과대학 학생들의 심리 요인을 연구하게 된 가장 큰 이유는 이들이 학업 성취도 면에서 자타 공인 최고가 아닐까 생각해서였다. 결론부터 말하자면 이들은 우리와 같으면서도 달랐다. 타고난 재능과 지능이 남다른 친구들도 분명 있었다. 하지만 내가 만나본 학업 영역에서 높은 성과를 내는 사람들은 대체로 지능이 높아서라기보다 오랫동안 꾸준히 자기 페이스를 유지하는 능력이 탁월했다. 친구도 없이 늘 혼자 책에 파묻혀 있는 것도 아니라 오히려 사람들과 두루두루 원만한 관계를 맺으며 즐겁게 공부했다.

반면 잘하고 싶다는 열정이 과한 친구들은 늘 열심히 하지만 어느 순간 지쳐서 제 기량을 발휘하지 못했다. 정신의학에서는 이렇게 극심한 스트레스로 학업 능률이 떨어지고 목표를 상실하는 상태를 따로 지칭하는 학업 번아웃academic burn-out이라는 단어가 존재할 정도다.

미국의 생리학자 월터 브래드퍼드 캐넌Walter Bradford Cannon은 '신체의 항상성을 깨뜨리는 외부 세계의 변화'가 스트레스라고 정의했다.[1] 말 그대로 스트레스는 변화하는 상황 그 자체를 뜻한다. 나쁜 변화뿐 아니라 이사, 승진, 휴가, 결혼 같은 긍정적인 변화도 스트레스 요인에 포함된다. 그런데 앞서 설명한 열정이 과하며 실제로 열심히 하지만 시험에는 유난히 약한 유형의 사람들은 스트레스에 특히 취약하고 민감한 성격이라 볼 수 있다. 그들은 과정보다 결과에 민감하기에 예상치 못한 상황에 쉽게 흔들린다.

애석하게도 인간은 스트레스를 완벽히 없앨 수 없다. 미리 설명했듯 스트레스는 살면서 맞이하는 모든 변화를 의미하기 때문이다. 다만 스트레스를 받았을 때 대처하는 능력을 기를 수는 있다. 그리고 이 점이 바로 학업 성취도가 높은 사람들의 비결이었다. 이들은 똑같은 스트레스 상황에서 대처하는 기술이 남달랐는데, 변화가 찾아오면 당황하는 마음을 빨리 다잡고 우선순위를 정해 움직였다. 준비 과정 역시 그 방식이 꽤 구체적이었다.

가장 큰 차이는 시험에서 좋지 않은 결과를 받았을 때 드러났다. 어쩌면 학업 성과를 중시하는 친구들은 이런 상황에서 가장 큰 스트레스를 받을 것이다. 하지만 학업 성취도가 높은 유형은 좌절감, 실망감 같은 부정적인 감정을 적극적 정서 조절 방식으로 해소했다.

☻ 완벽주의자에게 진짜 필요한 능력

정신의학에서 말하는 정서 조절emotional regulation은 자신의 감정을 이해하고 올바르게 대처하는 능력을 말한다. 부정적인 감정을 갖게 되었더라도 이를 바람직한 방법으로 표현하거나 감소시키면 자신뿐 아니라 상대방의 정서 변화에도 영향을 줄 수 있다.

이렇게 긍정적인 정서와 부정적인 정서를 조절해 균형을 찾아가는 사람들을 우리는 '정서 조절 수준이 높다'고 평가한다. 실제로 이들은 스트레스 상황에서 적극적으로 문제를 해결하거나 감정을 조절하는 방식을 사용한다. 반대로 정서 조절 수준이 낮은 사람들은 감정을 억압하거나 회피하는 방식을 보인다. 스트레스 상황에서는 우선 회피(수동적 정서 조절)해 일시적으로는 문제가 해결된 듯 보인다. 하지만 이는 후폭풍을 몰고 올 확률이 높다.

실제로 선행 연구 결과 스트레스에 적극적으로 대처하는 사람들은 번아웃을 겪을 확률이 낮다고 한다.[2] 바꿔 말하면 스트레스를 대하는 마음가짐과 대처 방식을 바꾸면 공부하면서도 덜 지칠 수 있고, 번아웃과 같은 문제를 예방할 수 있는 것이다.

문제는 완벽주의 성향이 강한 사람들은 자신의 부정적인 감정을 쉽게 인정하지 않고, 감정을 억압하거나 회피하는 데 익숙하다는 점이다. 이들에게는 스트레스와 부정적인 감정이 완벽한 결과와 성과를 방해하는 장애물일 뿐이다. 완벽주의자들에게 스트레스는 완전히 없어져야 할 요소이다. 따라서 스트레스에 대처해야 할 필요성도 잘 느끼지 못한다. 애초에 실수가 적은 사람, 스트레스 없이 좋은 결과를 내는 사람만이 '완벽한' 사람이라고 생각하는 것이다.

그런데 스트레스를 받지 않고 모두 다 잘하는 사람, 한 번의 실수도 저지르지 않는 사람이 현실에 존재할까? '저 정도 위치에 있는 사람은 나 같은 고민은 하지도 않겠지'라고 생각하겠지만 전혀 그렇지 않다. 긴장과 걱정, 실수에 대한 두려움은 인간이 가지는 기본 속성이기 때문이다.

한 예로 아이돌을 거쳐 유명 가수가 된 사람이 있다. 그는 데뷔 초 무대에 오르는 과정이 그저 즐겁고 행복했다. 하지만 인기를 얻고 유명 가수가 되자 자신에게, 그리고 무대나 공연에 거는 타인의 기대에 짓눌려 큰 부담을 느꼈다. 실제로 내가 만난 연예인 중에는 인기를 얻을수록 무대를 두려워하고 부담을 느끼는 사람들이 많았다. 무대에 선 횟수, 연습량, 히트곡 등을 고려한다면 향상된 그의 실력은 의심할 여지가 없는데도, 당사자는 여전히 음 이탈이 발생할까, 가사나 안무를 틀릴까 끊임없이 긴장하고 두려워했다.

반면 긴장감을 잘 조절하는 스타들은 사람들의 선망, 무대 완성도에 대한 기대감을 충분히 이해하면서도 그것이 자신이 통제할 수 없는 영역임을 명확히 인지하고 있다. 사소한 실수를 막으려고 신경 쓰는 순간, 긴장과 불안이 더 커진다는 사실도 알고 있다. 그러니 준비한 만큼 최대한 보여주고 실수가 생겼을 때 어떻게 대처할지를 미리 생각해두는 쪽으로 전략을 바꾸는 것이다.

완벽주의에 시달리지 않으려면 완벽주의를 내려놓아야 한다.

현실적으로 어떤 식으로 완벽주의를 바꿔 나가야 하는지는 다음 장에서 더 자세히 설명할 텐데, 그 전에 완벽주의에 지대한 영향을 미치는 '관계'의 속성을 먼저 짚어보려 한다. 관계를 이해하면 현실 속에서 완벽주의라는 허상을 지우는 과정이 한결 쉬워진다.

서로가 서로를 도울 수 있다

유학 생활이 버거워 우울과 불안을 겪다가 한국으로 귀국한 한 학생(18세)을 진료실에서 만났다. 그는 유학 생활을 제대로 마치지 못하고 돌아왔다는 자책이 심한 편이었다. 부모에게 미안한 마음이 컸고, 유학도 제대로 마치지 못했으니 앞으로 자신은 아무것도 할 수 없을 거라며 괴로워했다. 밤에는 자책하느라 잠들지 못했고, 그렇게 시작된 불면증이 계속되면서 평소 멍하게 보내는 시간이 많아졌다.

또 다른 유학생(20세)은 국내에서 국제학교를 졸업하고 해외로 유학을 떠나 공부하다가 잠시 한국으로 들어온 상태였는데, 유복한 환경에서 자라며 주변의 기대를 한몸에 받은 탓에 어떤 선택을 하든 부모의 기대를 가장 먼저 떠올렸다. 그는 어릴 적부터 사촌들과 비교를 많이 당했기 때문에 부모에게 인정받는 딸이 되고 싶다는 마음을 일찍부터 갖고 있었다. 하지만 그럴수록 주변 사람들이 더 의식되어 비교를 멈출 수 없다고 했다.

이 둘의 공통점이 느껴지는가? 이들은 부모나 가까운 타인이 자신을 어떻게 생각할지를 지나치게 의식하느라 자책, 비교, 우울감을 겪고 있다. 이들은 자신의 가벼운 실수에는 필요 이상으로 낙담하고 결과가 좋아도 그것이 자기 능력임을 받아들이지 못한다. 주변의 기대를 과도하게 의식하느라 가혹한 기준을 자신에게 적용하고 자책하다 우울로 이어진 경우다.

❀ 완벽주의자가 쉽게 우울해지는 이유

완벽주의자는 늘 뭔가가 뜻대로 되지 않는다고 생각한다. 특히 자책형 완벽주의자 유형은 자존감이 현저히 낮고, 앞으로 그게 무슨 일이든 잘할 자신이 없다고 말한다. 하지만 이는 열정이 없어서도, 열심히 하지 않아서도 아니다. 단지 이들이 가지는 기준이 자기에게 특히나 더 가혹하게 적용되기 때문이다.

또한 앞의 예시처럼 부모나 주변 사람들의 인정 및 기대에 부응하고자 전력을 다하다가 지치는 경우도 많다. 기본적으로 남들에게 '완벽하지 않다'는 말을 들을까 봐 두려워서 타인과 깊이 교감하고 정서를 나누고 싶으면서도, 온전한 자기 모습을 보여주지 못한다. 이렇게 방어적인 태도를 보이면서 그로 인해 찾아드는 외로운 감정을 거부한다. 그리고는 또 자신을 탓하고 자책하고 괴로워하다가 '더 완벽해져야 사랑받을 수 있다'는 사고로 귀결된다.

정신분석가이자 임상 심리학자였던 시드니 블랫Sidney J. Blatt 박사는 인간의 기본 발달 과제 두 가지 중 하나는 지속적이고 만족스러운 대인관계를 형성하는 것이고, 다른 하나는 안정적이고 현실적이며 긍정적인 자기 개념을 확립하는 것이라 말했다. 그리고 이 둘 중 한쪽이 지나치게 왜곡되어 사고가 극으로 치우칠 때 우울증과 같은 정신병리가 유발될 수 있다고 봤다.[3]

이처럼 자기 기준이 아니라 다른 사람들의 평가 기준에 지나치게 좌우되면 그만큼 타인의 눈치를 보게 되고, 늘 남과 나를 비교해 쉽게 우울에 빠질 수밖에 없다. 잘했던 부분은 이미 머릿속에 존재하지 않고, 그렇지 못한 순간들만 나열해 부정적인 자기 평가의 굴레에 빠지기 쉽다.

☀ 완벽주의자를 둘러싼 관계 재조명

완벽주의에 영향을 미치는 요인 중 하나가 중요하게 여기는 사람들과의 '관계'라는 사실에는 의심의 여지가 없다. 3장에서 설명했듯 유년 시절부터 부모님의 사랑이 조건부여서 그 기준을 만족시켜야만 사랑받았거나, 부모님이 늘 높은 기준으로 자녀를 양육했을 수도 있다. 물론 타고난 기질이 예민해서 양육 과정과 무관하게 완벽주의 성향이 촉발된 사람도 있을 것이다. 하지만 내가 말하고자 하는 부분은 그렇게 자란 성인은 완벽주의의 늪에서 헤어 나오지 못할 가능성이 크다는 사실이다. 이렇게 형성된 완벽주의의 역기능적인 모습은 공황장애, 강박장애, 사회불안장애, 우울증, 식이장애 등의 원인이 되기도 한다.

부모와 자녀

부모는 기본적으로 자녀의 행동이나 성취에 아쉬움을 갖기 마련이다. 아이에게 아무런 기대도 하지 않는 부모는 매우 드물기 때문이다. 하지만 이런 기대가 지나치면 아이의 정서를 압박하고 부담을 주게 된다. 물론 처음에는 '기대'가 아니라 '관심'에서 시작했을 것이다. 하지만 아이를 향한 관심이 자녀의 주체성을 침

범하기 시작했다면 부모와 자녀 관계를 되돌아봐야 한다.

그중 영재들의 완벽주의 문제는 특히 더 심각하게 다가온다. 영재들은 이성을 발휘하는 공부나 자신의 특기(악기, 스포츠 등 재능을 보이는 영역)는 매우 발달한 편이지만 정서나 사회적 발달 수준은 그에 미치지 못하는 경우가 많다. 초등학교, 중학교 시절에도 또래 친구와 달리 지적 수준이 높은 편이어서 친구들과의 대화에서 즐거움을 찾지 못한다. 그러니 또래와 어울리는 데에 어려움을 겪기도 하고, 전문 영역을 갈고 닦는 데 많은 시간을 들이다 보니 자신의 감정을 들여다볼 여유도 줄어든다. 자연스레 자신의 감정, 생각, 행동을 억압하는 게 익숙해지고 정서적으로 점점 취약해지는 것이다.

미국의 심리학자 홀링워스L. S. Hollingworth는 지능지수가 180 이상인 아동의 심리를 분석한 연구에서, 영재들이 일반 아동보다 부정적인 경험을 더 많이 한다는 사실을 확인했다.4 홀링워스 박사는 그 원인을 신체나 정서적 능력이 높은 인지 수준을 따라가지 못하는 발달의 비동시성dyssynchrony에서 찾았다. 보통 어른들은 실제 나이는 다섯 살인데 열 살의 지적 수준을 보이면 인성과 행동 등 모든 면에서 뛰어나길 기대한다. 하지만 아이의 지적 수준이 뛰어나더라도, 실제 정서적인 부분은 또래와 다르지 않거나 오히려 뒤처지는 경우도 많기에, 자신이 겪는 어려움을 솔직히 터놓고 다루는 데 부담을 느낀다. 그러니 영재들 중 완벽주의 성향이 높은 친구들은 특히나 더 스트레스에 취약할 수밖에 없는 것이다.

실제로 내 진료실을 찾는 환자 중 학업 스트레스에 시달리는 완벽주의 청소년(꼭 영재가 아니더라도) 비중이 높아지고 있다. 잘하고 싶지만 원하는 결과를 얻지 못해 괴로워하다 병원을 찾는 경우다. 물론 스스로 찾아오기보다 부모님의 권유로 병원문을 두드리는 때가 더 많다. 자녀와 함께 병원을 방문한 부모들 대부분은 자녀의 회복을 간절히 바란다. 이때 나는 부모에게 함께 상담받기를 권하는데, 이는 부모와 자녀 관계는 맞물려 돌아가는 톱니바퀴와 같기 때문이다. 특히 완벽주의로 고통받는 자녀는 부모님의 완벽주의가 공존하는 경우가 많고, 이 둘을 함께 개선하지 않으면 변화를 기대하기 힘들다. 이런 내 제안에 자신의 완벽주의 성향을 인정하는 부모가 있는가 하면 불쾌감을 드러내는 부모도 있다. 혹은 자기는 이미 변하기에 늦었으니 자녀만이라도 회복될 수 있도록 도와달라고 말한다.

물론 나는 부모의 교육관에 관여하려는 생각이 전혀 없다. 단지 부모와 자녀는 서로 영향을 주고받을 수밖에 없는 존재이기에, 자녀의 정서가 불안정할 때는 당사자뿐 아니라 부모도 함께 노력해야 한다는 사실을 전하고 싶을 뿐이다. 부모는 자녀가 처음 맺는 인간관계다. 그렇기에 이 둘 사이에는 많은 사건과 감정이 공유되며 상호 작용한다. 부모든 자녀든 사회 속에서는 전혀 무리 없이 쾌활하게 생활하는 사람들인데, 집에 돌아와 이들끼리 있으면 혼란, 슬픔, 분노와 같은 부정적인 감정을 주고받을 수 있다는 것이다.

이런 가운데 완벽주의는 가족 구성원의 완벽주의적 행동을 다른 세대에 전달하는 특징을 보인다.[5] 또한 부모의 완벽주의는 자녀에게 결국 스트레스로 작용[6]하기 때문에 부모를 빼고 청소년기인 자녀만 변화하는 것은 크게 의미가 없으며 변화도 쉽지 않다. 결국 자녀의 완벽주의를 해결하기 위해서는 부모도 자녀도 함께 해결하려는 태도가 중요하다.

부모와 자녀가 완벽주의 성향을 조절해 부정적 결과나 문제 행동을 피하고자 한다면 가장 먼저 가족 안에 퍼져 있는 완벽주의를 인정하는 단계가 필요하다. 그리고 왜, 어떻게 완벽주의 성향이 문제가 되고 있는지, 이를 완화하려면 어떤 식으로 서로를 배려하고 존중해야 하는지를 함께 공유하고 의논해야 한다. 해결 방안을 찾아갈 때 따로 정리한 아래 내용을 참고하면 도움이 될 것이다.

◆ 과잉 통제력 줄이기 | 완벽주의 성향이 높은 부모들은 자녀

가 뜻대로 따라오지 않는 상황을 견디기 어려워한다. 자신의 기준을 강요하고, 친구 관계나 공부 시간, 핸드폰 사용 시간과 같은 사적인 문제까지 통제하려다 자녀와 갈등을 겪는다. 자녀와의 감정 갈등이 극에 달했다면 과잉 통제, 과잉 간섭을 피하도록 주의하자. 아이와 충분히 얘기해 참견할 수 있는 영역을 조율하는 것도 좋은 방법이다.

◆ 조건적 인정 피하기 | 부모가 완벽주의자인 경우, 이들은 이미 사회에서 능력을 인정받았거나 뛰어난 성취를 경험했을 가능성이 크다. 이들은 보통 아이가 자기 기준에 부합할 정도로 잘했을 때 크게 기뻐하고 칭찬하지만, 그렇지 않을 때는 아쉬운 감정을 숨기지 못한다. 이렇게 극단적인 온도를 경험한 자녀는 부모가 기뻐하는 모습을 보기 위해, 더 사랑받고 인정받기 위해 과한 열정을 불태운다. 부모의 아쉬운 표정을 보면 자신을 무가치한 사람이라 받아들이기도 한다. 이런 부모의 태도가 결국 자녀를 완벽주의자로 만들 수 있음을 기억하자. 부모는 되도록 자녀의 성과나 결과보다 시도나 과정을 칭찬하도록 한다.

◆ 자율성 지지하기 | 자녀가 스스로 행동을 선택할 수 있도록 의사 결정의 자유를 주는 것, 이를 자율성 지지autonomy support라고

한다. 나는 이 양육 철학을 권하는 편이다. 부모가 자녀의 자율성을 존중할수록 완벽주의가 부정적인 결과를 초래할 확률이 낮아지기 때문이다. 특히 이른 나이에 기숙사나 유학 생활 등으로 부모와 떨어져 지내게 된 아이들은 그동안 부모의 가이드만 따르다 갑자기 모든 것을 홀로 선택해야 하는 처지에 놓이면서 큰 혼란을 겪는다. 그러니 미리부터 자녀의 자율성을 지지해 자신이 존중받고 있다는 느낌을 충분히 전하자.

동시에 부모가 자녀에게 '지금보다 더 많이 해줘야 한다'는 압박도 줄이는 게 좋다. 적절한 지원과 관심은 자녀에게 꼭 필요하지만 우리는 언제나 '과유불급'을 기억해야 한다. 지나침은 결국 부족함과 같다. 자녀가 실패를 통해 스스로 성장할 기회를 뺏지 말자.

부부 혹은 연인

완벽주의자의 사랑은 과연 어떤 모습일까? 어떤 면에서든 기준이 높고 쉽게 만족하지 못하는 이들은 관계를 맺고 유지하는 과정 자체를 어려워하는 편이다. '완전한 신뢰'를 기대해 진정한 내 편을 찾아 나서지만 그럴수록 사람을 깊이 신뢰하기가 쉽지 않기 때문이다. 그래서 연애 혹은 결혼 생활은 완벽주의자들에게 가장 어려운 숙제처럼 느껴지기도 한다. 그들은 한번 다투면 화해가 쉽지 않다. 그래서 연인이나 배우자는 그들의 강한 주관과 고집으로 고통받는다.

감독형 완벽주의 성향이 강한 한 남성이 이상형에 가까운 여성과 교제를 시작했다고 치자. 완벽주의자인 남성은 머지않아 여성에게 여러 방면에서 실망할 가능성이 크다. 실망의 포인트는 다양하다. 최선을 다해 데이트를 준비하는 그와 달리 편한 옷차림으로 약속 장소에 나와서라거나, 약속 시간을 지키지 못해서일 수도 있다. 기대가 큰 만큼 실망도 잦은 것이다.

또 다른 완벽주의자는 자신의 결점을 너무 가리다가 파국을 맞이하기도 한다. 상대가 자신에게 실망할 수도 있다는 생각에 완벽하지 않은 부분을 숨기다가 친밀감이 쌓이지 않아 관계가 끝나는 것이다. 혼자 남는 일이 두려우면서도 일정 부분 이상으로 가까워지지 않는 완벽주의자들, 이들은 전력을 다해 사랑하기도 어렵지만 그러한 사랑을 받기도 힘들다.

어떤 완벽주의자는 연인이나 배우자를 너무 엄격히 평가하고 실수를 지적하다 사랑이 끝난다. 내가 하면 로맨스고, 남이 하면 불륜이라는 자세는 기본적으로 상대방에게 많은 것을 강요하고 불평을 늘어놓게 만든다. 하지만 아무리 너그러운 사람이라도 이런 행동을 내내 받아주다가는 화병이 생기고 말 것이다. 가정 경제에 대한 철두철미한 계획으로 결혼 이후 과도하게 상대방의 씀씀이를 지적하다 갈등이 생기는 완벽주의자도 있고, 가족을 위한다는 생각에 과하게 잔소리를 늘어놓다가 결국 가족 관계에서 소외당하기도 한다. 사랑하는 대상과 건강한 관계를 맺고 싶다면 가장 먼저 서로가 완벽하지 않음을 인정해야 한다. 그것이 가장 현명한 첫 출발이다. 연인이나 배우자와의 관계를 돌이키고 싶다면 아래 내용을 기억해두자.

◆ 인정하기 | 보통 완벽주의자들은 연인이나 배우자와 갈등을 겪으면서도 그 원인을 제대로 알지 못하는 경우가 많다. 역으로 이토록 노력하는데, 상대가 자신의 마음을 몰라준다며 답답해한다. 이들은 자신의 과도한 기준과 완벽주의 성향이 상대에게 고통을 줄 수 있다는 사실을 먼저 받아들여야 한다.

◆ 친밀감 표현하고 느끼기 | 완벽주의자들은 부정적 평가에 대한 두려움이 크고, 중요한 대상에게 인정받지 못하는 상황을 견디기 어려워한다. 상대에게 완벽한 모습을 보여야만 사랑받거나 인정받을 수 있다고 생각하기 때문이다. 그래서 상대에게 자신의 결점이나 부족한 부분을 터놓기 어려워하고, 연인이나 배우자에게 쉽게 정서를 표현하지 못한다. 완벽주의자들은 이 감정을 극복

할 필요가 있다. 물론 자기 생각을 터놓는 과정이 쉽지는 않을 것이다. 하지만 자신의 방어기제를 조금 낮추고, 뜻대로 되지 않을 때 생기는 불편한 감정이나 생각, 경험 등을 상대방에게 솔직히 나눌 필요가 있다. 이 단순한 대화가 관계를 풀고 신뢰를 쌓을 가장 좋은 열쇠임을 잊지 말자.

◆ 수용하고 수용받기 | 자신이 잘해야만 인정받고 그렇지 않으면 사랑받을 수 없을 거라고 여기는 완벽주의자들은 수용하고 수용받는 경험이 쌓이면서 조금씩 변화할 수 있다. 상대방이 자신의 기준에 차지 않아도 장점을 먼저 발견하고, 그것을 말로 표현하는 연습을 해보자. 너무나 당연해서 잊고 지낸 서로의 장점을 상기시켜보는 것이다. 상대방은 그들에게 "아쉬운 부분보다 좋은 부분이 더 많았어." "이정도면 충분해."라고 자주 말해주는 게 좋다. 무언가를 더 잘하거나 완벽에 가까워 사랑받는 것이 아니라 그 모습 자체로 충분히 수용받고 있음을 느낄 수 있기 때문이다.

리더와 조직원

"타인지향형 사회에서 인간은 일정한 가치관을 갖지 않고 타인이나 세상 흐름에 자기를 맞추어 살아간다."

미국 사회학자 데이비드 리스먼David Riesman이 쓴《고독한 군중》(1950년대 초판 발행)에 등장한 문장이다. 리스먼 박사는 사회가 고도성장하고 자본주의, 대량소비 사회가 본격화되면서 대중의 성격이 과거와 달라졌다고 봤다. 또래나 집단의 눈치를 보면서 타인의 가치에 부합하는 인간이 되려고 노력하는 성격 유형이 탄생했다는 것이다.

완벽주의 연구자인 휴잇 박사도 사회가 부과한 가치관으로 '후천적 완벽주의자'가 된 사람들7에 주목했다. 조직이 근면, 성실, 실수 없음 등의 가치를 조직원에게 강조하고 엄격하게 관리하면서 직원들 대부분이 준準 완벽주의자가 되는 경우가 이에 해당한다. 대기업을 비롯한 많은 조직, 세계 각국의 기관들은 경영의 초점을 '실수하지 않는 관리'에 두고 있다. 그러니 조직이 실수 없는 직원을 '최고의 인재'로 꼽는 것도 무리는 아니다.

이런 후천적 완벽주의자(물론 이들 중에는 일찍부터 완벽주의 성향이 높았던 사람도 있을 수 있다)가 사회에서 높은 성과를 내는 것은 분명하나, 그만큼 자기 혹은 주변 이들을 혹사해 때때로 부정적인 결과를 낳기도 한다. 사실 조직 입장에서는 실수가 두려워 꼼꼼하고 완벽히 일을 수행하려는 직원이 싫을 리 없다. 하지만 자세히 들여다보면 그들은 실수를 과도하게 두려워해 안전한 일만 처리하는 경향을 보인다. 업무를 꼼꼼히 처리하긴 하지만, 새로운 시도는 거의 피하고 실패할 확률이 드문 일만 찾는 것이다. 이런 경직성은 장기적으로 봤을 때 오히려 조직의 성장을 방해하는 요인이 될 수도 있다.

감독형 완벽주의자와 함께 일하는 동료들은 입장이 또 다르다. 그들이 타인에게까지 자신의 기준을 강요하기 때문이다. 웬만해서는 일의 결과에 만족하는 법이 없고, 동료들을 믿지 못해 세부적인 부분까지 과도하게 관리micromanaging하는 그가 부담스럽다는 것이다. 동료들은 이런 감독형 완벽주의자와 같이 일하면 자연스럽게 업무 의욕이 줄어든다고 하소연한다. 회사를 위해 열심히 일하다가 완벽주의자가 되었다면 이는 조직 입장에서 득일까, 실일까.

한 가지 분명한 점은 회사는 성과를 내야 하는 조직이라는 것이다. 회사가 이윤을 추구한 결과로 직원들, 직원의 가족들, 기타 모든 협력 업체가 살아갈 수 있다. 대기업, 군대, 병원, 국가 기관 등의 관료 조직은 여전히 상하 수직 관계가 깊이 자리하고 있는데, 이런 직장에서 오래 일할수록 후천적 완벽주의자가 될 확률은 높아진다.

최근 수평적 조직 문화, 탄력 근무제, 팀워크 등을 강조하며 성과를 추구하려는 스타트업이 많이 등장하고 있다. 실패를 두려워하지 않고 구성원과 함께 성장하는 조직 문화를 유지하는 것이 오히려 이윤으로 연결된다는 주장, 이를 증명하는 기업들이 늘고 있다. 완벽주의자들은 이러한 환경에서 자기 능력을 더 발휘하고 키워나갈 수 있다. 조직 문화를 건강하게 바꿔가기 위해서는 다른 누구보다 리더의 마음가짐이 중요하다. 리더가 염두에 둬야 할 사항으로 아래 요약한 내용을 참고하자.

◆ 객관적으로 조직 심리 진단하기 | 조직에 속한 사람들을 움직이게 하는 것이 '보상'이라고 생각하는 리더가 많다. 물론 적절한 보상은 직원의 사기를 높이는 데 필요하다. 하지만 이러한 보상만으로는 뛰어난 능력을 가진 완벽주의자들을 통제하기 어렵다. 조직이 가지고 있는 직무 스트레스는 근무 환경, 역할 적합성, 사회적 관계, 팀워크, 자율성 등을 다방면으로 살펴 그때그때 문제를 개선하는 게 최선이다.

한 예로 미국 실리콘밸리 소재 기업들은 조직의 성장을 위해 늘 '조직 문화'에 관심을 기울인다. 세계적인 기업 구글에서는 공동 창업자와 소리 높여 논쟁할 수 있고, 팀장급 리더들에게 업무 실수를 자유롭게 이야기할 수 있는 문화가 형성되어 있다고 한다. 이런 유연한 조직 문화를 만들어가려면 주기적으로 객관적인 내부 평가가 이루어져야 한다.

다만 여러 가지 이유로 조직 내부에서는 객관적인 평가가 어려울 수 있다. 이럴 때는 제삼자의 시선으로 조직 심리 진단을 시도해보는 것도 좋다. YD퍼포먼스 홈페이지(www.ydperformance.co.kr)에서도 정신건강의학과 전문의들이 개발한 조직 심리 진단을 제공하고 있으니 참고하자.

◆ 사회적 지지 | 리더의 덕목 중 하나는 조직원의 장점을 파악하고 그들이 능력을 제대로 발휘할 수 있도록 지지해주는 일이다. 이처럼 상대방의 심리적 안정감을 높이기 위해 정보 조언이나 구체적인 지원을 제공하는 것을 '사회적 지지'라고 한다. 리더가 줄 수 있는 사회적 지지는 크게 정서적 지지(이해, 존중, 격려 등), 평가적 지지(타인의 행동 인정, 칭찬 등), 정보적 지지(문제 해결에 필요한 정보나 지식, 아이디어 등), 도구적 지지(시간, 노동, 물질 등)로 나뉜다. 이런 환경이 충족되었을 때 사람들은 심리적 안정감을 느낄 수 있고 심리적 고통과 긴장감, 우울 같은 부정적인 정서를 조절해 자기가 가진 능력을 최대한 발휘할 수 있다.

5장 완벽주의 극복 5주 프로그램

1주차 : 인정하라

"저는 그저 열심히 한 것밖에 없어요. 그럼 대충 살았어야 했나요?"

앞만 보고 열심히 달렸을 뿐인데 모든 게 엉망이라는 사람들, 그래서 자신에게, 주변 모든 상황에 실망하고 급기야 절망하는 사람들에게 가장 먼저 해주고 싶은 말이 있다.

"열심히 사는 데도 목적과 방향이 필요합니다."

돌이켜보면 '무작정'이라는 말은 정말로 허무한 표현이다. 아무것도 정해진 게 없는데 덮어놓고 나아가기만 한다면 뒷감당할 과제만 늘어나지 않겠는가. 완벽주의자는 자신의 완벽한 기준에 도취하는 경향이 있는데, 이 기준이 자신을 늘 긴장하게 만들고 불안의 증폭제가 되고 있음을 눈치채지 못한다. 설령 그 사실을 이미 알고 있고 그래서 번아웃, 공황장애 같은 실질적인 질병이 찾아왔을지라도 모르는 체하며 '더 열심히 살지 못해서 그래' '이 정도로 무너지다니 너무 나약해'라며 스스로를 탓한다.

완벽주의 성향을 제대로 인지하고 조금씩 변화를 시도하면 열심히 산 나날을 충분히 보상받을 수 있다. 힘을 조금 빼는 완급조절만 했을 뿐인데 더 좋은 결과와 행복을 얻을 수 있다면 한 번쯤 시도해볼 만하지 않겠는가?

하지만 문제는 완벽주의 성향이 강한 사람들이 자신의 이런 상태를 쉽게 받아들이지 못한다는 데 있다. 그들은 자꾸만 자신이 그렇게까지 완벽주의자가 아니라는 말을 되풀이한다. 이러한 반응을 보이는 이유는 자신은 남들에 비해 엄청난 야망을 품지도 않았으며, 원대한 꿈을 꾸지도 않기 때문이라고 한다. 다소 예민하고 꼼꼼한 성격 때문에 불편함이 생긴다는 사실은 인정하나 남들도 자신과 비슷하다고 생각한다. 이 책을 읽고 있는 여러분도 비슷하게 느낀다면 "완벽이라는 것이 무엇을 의미하는가?" "어느 수준에 이르러야 완벽한 상태라고 할 수 있는가?"와 같은 질문에 스스로 답해보길 바란다. 변화를 원한다면 가장 먼저 자신의 현재 상태를 인정하고 받아들여야 한다.

☕ 성과를 가로막는 진짜 장애물을 파악하라

캐나다 브리티시컬럼비아대학교 심리학과 마틴 스미스Martin M. Smith 교수, 델하우지대학교 심리학과 시몬 셰리Simon B. Sherry 교수 등으로 구성된 연구팀은 25년간 완벽주의 척도가 높은 사람들을 메타 분석해 그 결과를 발표했다.[1] 완벽주의자들의 신경성, 외향성, 친화성, 성실성, 개방성으로 구성된 다섯 가지 성격 특성 요소big five personality traits를 살피고 25년간 이 특성이 어떻게 변화하는지 추적한 것이다. 다섯 가지 성격 특성 요소는 심리학자이자 인류학자인 대니얼 네틀이 발표한 성격 심리학 이론으로, 위에서 말한 다섯 가지 요인이 인간의 행동과 성격을 결정짓는다고 보고 있다.

25년간 완벽주의자들의 변화를 살핀 이 연구 결과는 매우 흥미롭다. 완벽주의 성향이 강한 사람들은 기본적으로 "그 사람, 성격은 좀 예민해도 성실하고 일을 잘해."라는 평을 듣는다. 하지만 이런 그들이 나이가 들수록 장점인 성실성은 낮아지고 단점인 신경성은 더 증가하는 경향을 보인다. 성격 특성 이론은 생애주기 특성상 사람들 대부분이 나이가 들수록 과한 걱정이나 불안 같은 신경성 요인이 줄어든다고 말한다. 성실성도 마찬가지다. 사람들은 성공과 실패 등 인생에서 다양한 경험을 겪으면서 자신의 기준을 낮추는 경향이 있다. 그렇게 나이가 들수록 안정감을 얻으면 더 성실해지고, 감정적으로도 친화적인 성격으로 변화한다.[2] 하지만 완벽주의를 추구할수록 이와는 대조적인 결과를 얻는다니 어쩐지 씁쓸한 기분이 든다.

우리가 완벽주의를 제대로 인지하고 대처해야 하는 이유가 여기에 있다. 3장에서 완벽주의 성향이 높은 사람들에게 흔히 찾아오는 질환으로 '번아웃'을 소개했는데, 완벽주의자들은 에너지를 잃은 순간 자기의 최대 장점이던 성실성이 극적으로 바닥난다.

진료실에서 만난 A씨는 교사로 일하면서 시간을 쪼개 대학원까지 다니고 있었다. 그녀는 집안의 장녀로 동생과 어머니를 챙기는 데 열심이었고, 교사로서 맡은 일도 늘 성실히 임했다. 업무적인 면에서도 동료들이나 교장, 교감 선생님의 칭찬과 인정을 독차지했고 야근도 자처하는 편이었다. 하지만 대학원 지도 교수님의 사정으로 논문을 계획했던 기한 내에 마무리할 수 없게 되었다. 엎친 데 덮친 격으로 직장 및 가족 관계에서도 문제가 생기면서 스트레스가 극에 달했다. 바로 이때 기다렸다는 듯 번아웃이 찾아왔다. "어쩔 수 없다는 사실을 머리로는 알겠는데, 전부 허무하고 무의미하다는 생각이 들어요. 그냥 대학원에 진학하지 말고 일이나 열심히 할 걸 그랬나 봐요."

이처럼 완벽주의에 시달리다 나를 찾아온 사람들(물론 이들이 처음부터 완벽주의를 인지하고 병원을 찾는 것은 아니다)은 대부분 "뭔가를 제대로 이루고 싶어요. 근데 그럴수록 제가 원하는 결과와 점점 멀어져요."라는 속마음을 털어놓는다.

안갯 속을 걷고 있는 이들의 가장 큰 문제는 '무결점'을 추구한다는 데 있다. 결점이 없는 상태는 사실 실현 불가능한 목표에 해당한다. 하지만 이들은 성실하기에, 그만큼 노력해서 성취감을 느낀 나날이 많았기에 불가능하다는 사실을 더더욱 받아들이기 힘들어한다. 그러므로 완벽주의를 지향하는 사람들은 비현실적인 목표가 인생에 장애물이라는 사실을 받아들이려 하지 않는다. 어떨 때는 불필요한 비교 의식이, 또 어떨 때는 노력해도 안 된다는 좌절감이, 이왕 할 거면 제대로 해야 한다는 불안감이 성과를 가로막는 장애물로 작용한다.

말로는 "저는 완벽한 결과를 내는 사람도 아니고 그리 큰 꿈을 가지고 있지도 않아요."라고 하면서 '완벽주의'를 무조건 거부하고 있다면 조금 태도를 바꿀 필요가 있다. 더 정확히 이야기하면 자신의 완벽주의를 제대로 바라보는 시간을 가져야 한다. 어떤 이유로 내게 완벽주의 성향이 생겼는지, 좀 더 합리적으로 이 성향을 조절할 수 없는지 등을 고민하다 보면 행복한 삶, 자유로운 인생이 조금 더 가까워진다.

✲ 인정하는 연습, 나는 완벽주의자입니다

완벽을 추구하는 사람들은 성취와 결과에 매우 큰 가치를 두고 살아간다. 그런데 이 점이 자신을 아프게 할 수 있고, 오히려 목표를 이루는 데 방해가 된다는 사실을 미리 알아채지 못하는 경우가 많다. 불안이나 우울, 강박 같은 불편한 감정의 원인을 찾아가는 과정에야 비로소 자기 내면에 있는 완벽주의와 마주하는 것이다. 발표 불안이나 무대 공포증을 극복하기 위해 진료실을 찾는 이들도 마찬가지다. 발표의 기술이나 떨지 않는 비결을 얻으려고 나를 찾아왔다가 오히려 불안의 근원인 완벽주의를 만나 당황한다.

내가 속한 YD퍼포먼스 인지행동 치료 연구소는 2017년부터 직장인, 전문직, CEO 등을 대상으로 '발표 불안 극복 프로그램'(발표 자신감 수업)을 진행하고 있다. 이 프로그램에 참여한 이들이 원하는 이상적인 목표는 "발표할 때 가슴이 두근거리거나 손이 떨리는 증상을 없애고 싶어요." "말이 빨라지거나 버벅거리지 않았으면 좋겠어요." "주목받는 상황에서 긴장하거나 불안해하지 않았으면 좋겠어요." 등이다.

하지만 '발표할 때 절대 떨지 않기' '여유롭게 발표하기'와 같은 목표는 비현실적인 소원이며, 굳이 달성해야 할 필요도 없는 부분이라고 미리 말해두고 싶다. 남들 앞에서 매일같이 경쟁 프레젠테이션을 하는 게 주 업무인 광고 기획자라도 발표하는 매 순간 긴장한다. 하루에도 몇 번씩 무대에 서야 하는 배우, 가수도 예외일 수는 없다. 불안감에 압도되지 않도록 부정적인 감정을 다루는 능력을 키울 수는 있지만, 단 한 순간도 떨지 않고 불안해하지 않는 일은 불가능하다. 무엇보다 좋은 발표를 생각한다면 그 부분에 집착할 필요도 없다.

그래서 나는 이들에게 발표 불안을 해결하기 위해서는 가장 먼저 '불안'을 인정해야 한다고 조언한다. 발표를 바라보는 기준 자체가 완화되면 긴장감이 줄어들 수 있다. 완벽주의 성향이 강한 사람들도 자신이 마주한 '완벽성'을 똑바로 마주하는 과정이 필요하다. '완벽주의자'에 대한 개념을 다시 정의하는 단계에서 '아, 내게도 완벽주의 성향이 있었구나'라는 인정을 끌어낼 수도 있다.

내가 환자들에게 설명하는 완벽주의자의 개념은 '완벽하고 멋진 결과를 내는 사람'이 아니다. 앞에서 소개한 교사 A씨에게 내가 전한 말도 다음과 같다. "건강한 완벽주의는 현실 내에서 최선을 다하는 거예요. 여러 가지를 다 잘할 수 없는 상황에서 다 잘하려고 하는 것은 불가능에 가깝습니다."

사람들은 누구나 일직선으로 쭉 뻗은 길로 나아가고 싶어 한다. 그래서 길이 없을 때 돌아가는 것이 정답이라는 단순한 진리를 자주 놓친다. 예쁘고 안정된 경로가 없다면 멈추는 대신 지그재그로 돌길, 흙길을 밟으며 흘러가야 한다. 이런 관점은 '완벽의 기준'을 조금 다르게 볼 수 있는 연습이 되며 자연스럽게 자기 안에 있는 완벽주의를 인정하는 단계로 넘어간다.

그렇다고 너무 걱정할 필요는 없다. 완벽주의 성향은 정도가 달라서 그렇지 누구에게나 조금씩 자리하고 있다. 더불어 이 완벽주의 성향은 완벽히 없앨 수 없는 존재이며, 그럴 필요도 없다. 완벽주의 성향을 인정했다면 내가 가진 이 특성을 어떻게 조절해야 할까로 넘어가는 게 현명하다. 안정형 완벽주의를 성장시키고, 자책형, 감독형, 회피형 완벽주의를 줄이는 방향으로 조절하면 된다. 지금까지 살아온 기준과 목표를 애써 뒤엎을 필요는 없다는 얘기다. 이를 위해서는 몇 가지 질문이 필요하다.

- 내가 추구하는 기준, 목표가 어긋나면 지나치게 상실감을 느끼는가?
- 세세한 디테일에 집착하느라 진짜 중요한 것을 놓친 적은 없는가?

- 내 기준을 고수하다가 불편한 상황을 맞이한 적이 있는가?

- 어떠한 일을 시작하기 전부터 막막함 때문에 미루는 편인가?

- 마음대로 되지 않는 상황을 견디기 어려운가?

- 제대로 하지 못할 거면 아예 안 하는 편이 낫다고 여기는가?

이러한 질문으로 내 안에 있는 완벽주의를 확인했다면 완벽주의를 놓지 못하는 진짜 이유를 파악해야 한다. 여러 번 설명했듯이 완벽주의는 긍정성과 부정성을 모두 가지고 있다. 그래서 어떻게 조절해 사용하느냐에 따라 유익하기도, 무익하기도 하다. 완벽주의자들 또한 이 점을 잘 알고 있다. 이제껏 자신이 추구한 완벽성을 바탕으로 우수한 학업 성과를 이뤘거나, 누구보다 뛰어난 예리함으로 사회에서 인정받은 사람들이니 당연하다. 그래서 이들에게 완벽주의 성향은 하나의 정체성과도 같다. 완벽성을 포기하기 어려운 이유가 바로 여기에 있다.

이때는 득과 실을 객관적으로 파악할 수 있도록 장단점 목록을 적어보는 것이 도움이 된다. 나의 완벽주의 특성 중 계속 유지하고 싶은 것과 아닌 것을 구분하다 보면 자연스럽게 해결의 실마리를 찾을 수 있기 때문이다. 뒷 장의 예시를 참고해 자신이 가지고 있는 완벽주의의 긍정적인 특징과 부정적인 특징을 살피고 직접 작성해 보자.

완벽주의의 득과 실 구분하기 예시

*아래의 예시를 참고해 직접 작성해보세요.

유지하고 싶은 완벽주의 특징	버리고 싶은 완벽주의 특징
·치밀한 계획	·걱정, 불안
·시간 관리	·다른 사람들 눈치 보는 것
·지속성	·낮은 자존감
·	·무기력
·	·
⋮	⋮

2주차: 기준을 바꾸라

내가 완벽주의자임을 인정했다고 해서 모든 문제가 단번에 명료해지는 것은 아니다. 완벽주의 성향이 높은 사람들은 '모 아니면 도'로 생각하는 흑백논리의 오류를 자주 범하기 때문에 문제를 인식하고 나면 하나부터 열까지 자신의 모든 것을 지금 당장 바꾸어야 한다고 생각한다. 하지만 이는 정답이 아니다. 무조건 다 바꾸는 게 아니라 하나씩 차근차근 변화해야 한다. 그중 첫 단계는 나의 기준을 돌아보는 것이다.

완벽주의자들은 기본적으로 자신에게 없거나 부족한 부분을 채워야 한다고 생각한다. 하지만 밑 빠진 독에 물을 아무리 부어도 항아리는 채워지지 않는다. 달성할 수 없는 목표를 설정하면 아무리 노력해도 소용이 없다. 비현실적인 기준보다는 깨진 독을 붙이거나 항아리를 새로 사는 식의 현실적인 대안을 마련하는 게 우선이다.

그동안 만나왔던 완벽주의자들은 대부분 자신의 기준이 비현실적이라는 사실을 알지 못했다. 그들의 목표를 성취하는 것이 현실적으로는 불가능하더라도 이론적으로는 가능해 보이기 때문이다. 오히려 그들은 자신의 기준을 누구나 할 수 있는 당연한 정도로 여겼고, 그래서 무리와 실패, 자책과 무기력이라는 악순환의 굴레를 벗어나지 못하는 듯했다. 불안, 번아웃, 우울증 등 자신을 괴롭히는 증상은 각자 다를지 몰라도 그 시작점에는 모두 똑같이 '가혹한 기준'이 있다.

이 기준의 과도함을 인지하게 하는 가장 좋은 방법은 다른 완벽주의자가 세운 기준을 들려주는 것이다. A라는 완벽주의자에게 B가 설정한 목표와 수행 기준을 들려주면 "그건 너무 심한 것 아니에요?"라며 놀라곤 한다.

✼ 완벽주의자들의 비현실적인 기준

어떤 일에 대한 성취 기준을 높게 잡는 게 무조건 잘못되었다는 말은 아니다. 학생 때 중간고사 같은 시험을 준비하던 때 시험 날짜까지 남은 일수, 시험 범위, 하루 공부할 수 있는 시간 등을 철저하게 계산해 역순으로 공부 계획을 짠 경험이 있는가? 그렇다면 이것이 과연 잘못된 방법일까? 오히려 몇 개월 전부터 시험 공부에 돌입한 이 학생의 목표와 후에 따라올 성과는 매우 긍정적으로 평가할 만하다. 조직에 속한 사회인이 업무 성과에 대한 목표와 기준, 그에 따른 계획을 뚜렷하게 세우는 일 또한 사내 사기를 높이는 데 필요한 부분이라 여겨진다.

내가 말하고자 하는 '높은 기준'은 하나하나 떼어 보면 그럴싸하지만, 전체적으로는 비현실적이어서 심지어 터무니없어 보이기까지 하는 수준을 의미한다. 내가 만난 대학생 B씨가 세운 기준도 그러했다. 그는 마치 강박처럼 하루를 꽉 채워 보내는 사람이었다.

대학생 B씨는 극심한 우울증으로 진료실을 찾았다. 집 주변 정신건강의학과 의원을 찾아가 한번 면담을 한 뒤, 이곳에서 호전되지 못할 것이라는 판단이 들면 다른 곳으로 가 새롭게 상담을 시작했다. 그 과정을 수도 없이 반복하다 보니 결국 지역구에 있는 모든 병원을 한 번씩은 죄다 방문하게 되었다고 했다. 많은 병원을 방문했지만 지속적으로 치료한 경험은 없다는 그녀의 이야기를 듣고 보니 여러 증상을 일으키는 범인이 바로 내면에 자리잡은 완벽주의 성향임을 알 수 있었다. 무엇이든 다 잘해야 한다는 강박을 가진 그는 하루 계획표가 어마어마했다. 하루에 정해진 학업 시간을 지키는 것은 기본이고, 매일 운동 두 시간 이상, 댄스 연습, 그림 그리는 시간, 영어 공부 시간 등을 따로 떼어 빠짐없이 지켜가고 있었다. 만약 그 계획에 차질이 생기면 온종일 낙담한 상태로 무기력에 젖어 지냈다.

B씨는 완벽한 계획에 맞춰 하루가 돌아가야 완벽한 성과를 이룰 수 있다고 믿었다. 하지만 삶이란 본래 예측 불허의 영역이다. 누군가의 하루에는 타인, 조직, 특정 장소 등 다양한 요소가 개입될 여지가 충분하며, 그렇기에 어떤 것을 계획하고 목표를 설정할 때 단편적인 요소만을 봐서는 안 된다.

하지만 완벽주의자들은 자신의 계획대로 되지 않으면 통제력을 상실한 것이라 받아들여 불안감을 느낀다. 또한 목표 하나 없이 계획을 세우고 수행하는 데 몰두하기 때문에, 달성 여부에 따라 기분이 자주 바뀔 수밖에 없다. 이들은 준비한 대로 진행되지 않았을 때 오히려 더 좋은 결과를 얻을 수도 있다는 것을 몸소 체험하는 과정이 필요하다. '오늘은 반드시 ○○를 해야 해'와 같은 당위적이고 강박적인 사고를 깨뜨리는 것이다.

원래 계획이 예측하지 못한 상황 때문에 틀어진다면 잠시 쉬어도 좋다. 자신이 정한 목표를 포기하라는 의미가 아니라 예측하지 못한 현실 상황을 받아들이고 이에 맞게 대응한 뒤 정 안되면 그 상황 자체를 받아들이는 것이다.

앞에서도 말했지만 목표 지점까지 가는 동안 일직선으로 곧게 뻗은 길만 있는 것은 아니다. 구불구불 굴곡 있는 길이 등장하는 게 훨씬 현실적이다. 마음대로 안 되는 상태에서 긴장과 불안에 온 에너지를 쏟다 보면 뇌는 피곤해지고 마음은 더 불안해진다. 때로는 넘어져도 좋고, 쉼표를 찍으면 오히려 더 좋다는 결론에 스스로 다다를 수 있어야 한다. 그리고 이 경험이 반복되면 완벽한 계획과 실행이 없어도 그것대로 괜찮다는 확신이 생긴다.

비현실적인 기준 예시

- 업무 혹은 학업: 내가 하는 일은 당연히 가치가 있어야 한다/ 모든 영역에서 최고가 되어야 한다

- 외모나 건강: 남이 볼 때 뚱뚱하지 않아야 한다/ 절대 아프지 않고 체력이 항상 좋았으면 좋겠다

- 대인 관계: 언제, 어떤 상황에서도 잘 적응하고 모든 사람과 잘 지내고 싶다/ 아무도 나를 불편해하지 않았으면 좋겠다

- 성공이나 행복: 누구에게나 인정받을 수 있는 성과를 내야 한다/ 불안하지 않고 항상 마음이 편했으면 좋겠다

☕ 기준을 바꾸는 연습

오랜 시간 동안 완벽을 추구하며 살아온 사람들에게 "기준을 바꿔야 합니다."라고 말하면 대개 "그건 불가능해요." "그럴 바에는 이대로 힘든 게 나아요."라는 부정적인 답이 돌아오곤 한다. 그들에게는 기준을 바꾸라는 말이 망망대해 위에서 튜브 하나에 의지하고 있을 때 "지금 당장 그 튜브를 놓아요!"라고 말하는 것과 똑같이 들리기 때문이다. 게다가 완벽주의자들은 그 튜브가 어떻게 자신을 지탱하는지 깊이 이해하고 있기에 튜브를 놓을 필요성조차 느끼지 못한다.

하지만 이 말은 제 분수에 만족하여 편안히 살자는 의미가 아니다. 마음을 비우고 더는 욕심내지 말라는 무소유를 강조하는 것은 더더욱 아니다. 이 개념을 명확히 이해시키기 위해 내가 환자들에게 자주 건네는 말은 바로 이것이다.

"목표나 기준을 아예 포기하라는 게 아니에요. 합리적인 수준으로 바꿔보자는 거죠. 그러면 오히려 더 좋은 성과나 결과를 얻을 수 있어요."

합리적인 기준을 세우려면 달성하고자 하는 목표를 수치화하는 것, 그러니까 목표치를 측정할 수 있는 범위로 설정하는 게 매우 중요하다. 그래야 목표에 맞는 세부 계획을 짤 수 있고 그 안에서 우선순위를 나눠볼 수 있다. 더불어 그 기준을 정할 때 현실적인 상황을 충분히 고려해야 함을 잊어서는 안 된다.

쉬운 예로 워킹맘이 '일과 육아를 모두 잘 해내기'라는 두루뭉술한 기준을 정하는 것과 '내게 주어진 시간이 하루에 얼마나 될까?'에서 출발해 계획을 짜는 것은 질적으로 다를 수밖에 없다. 전자는 '일과 육아를 다 잘해야지'라는 가치에 얽매여 최대한 열심히 하고도 부족하다고 생각할 공산이 크지만, 후자는 일의 효율성과 완성도, 자녀와 보낼 시간, 가사 일에 드는 시간과 에너지 등을 철저히 고려해 가장 중점적으로 챙겨야 할 대안을 효과적으로 찾아갈 수 있다.

내가 행할 과업이 '발표'라고 해도 상황은 크게 달라지지 않는다. 발표의 목표를 '모든 청중에게 재미와 감동을 전하는 것'으로 설정하기보다는 '내가 전하려는 메시지를 명확히 전달하는 것'에 두는 편이 더 효과적이다. 재미나 감동이라는 추상적 가치는 불특정 다수를 향하는 것이므로 챙겨야 할 규칙이 늘어나지만, '명확한 메시지 전달'은 중시해야 할 범위가 그만큼 줄어든다. 이런 과정으로 완벽주의자는 필수 요소와 부가 요소를 구분하는 자세를 익힐 필요가 있다. 그러면 실체 없는 기준으로 자신을 괴롭히는 빈도도 줄어들 것이다.

이 비현실적인 기준을 낮추지 못하는 완벽주의자들에게 흔히 나타나는 현상은 '미루기'다. 4년째 공무원 시험을 준비하던 C씨는 학창 시절 때부터 성적이 좋은 편에 속했다. 그는 배운 내용을 노트로 정리하는 능력이 탁월했는데, 그 덕에 늘 우수한 성적을 유지했다. 실제로 그는 "저는 노트 정리가 완벽히 되어야 본격적인 공부를 시작할 수 있어요."라고 말했고, 그만큼 준비에 많은 시간을 들였다.

문제는 공무원 준비를 하며 드러났다. 8월, 남들보다 늦은 시기에 공무원 준비를 결심한 그는 막상 시험이 다가오자 '준비되지 않은 상황에서 시험을 칠 수는 없어. 분명 실패할 거야'라는 생각에 그해 응시를 포기했다. 그가 정리한 요약 노트는 이미 같이 공무원 시험을 준비하는 친구들끼리 돌려볼 만큼 정리가 잘되어 있었고 공부 내용 역시 많이 습득한 상태였지만 당사자는 만족하지 못했다. 이듬해에도 상황은 크게 달라지지 않았다. 1년을 미뤘기에 더 철저히 준비해야 한다고 생각했고, 그로 인해 기준은 더욱 높아졌다. 결국 그해에도 C씨는 시험을 포기했다. 그렇게 4년째 시험을 미루고 있다.

위의 이야기가 믿기지 않는 사람도 분명 있을 것이다. 하지만 자기만의 비합리적인 기준 때문에 아무것도 시작하지 못하는 사람이나 오래 염원하던 일을 목전에서 포기하는 사람이 현실에 존재한다. 비현실적 기준은 충분히 할 수 있는 일도 불가능한 목표처럼 보이게 하고, 결국 일을 끝까지 마치지 못했다는 생각이 죄책감과 우울감을 일으킨다. 완벽주의자들이 스스로 세운 정신적 감옥에서 쉽사리 빠져나오지 못하는 상황이 바로 이런 경우다.

의식적으로 긍정적인 부분을 찾는 연습도 필요하다. 어떤 일을 끝마친 뒤 후회되는 부분이 열 개라 하더라도 잘한 부분을 한두 개라도 찾아보는 식이다. 장담하는데, 실제로 후회되거나 잘못한 일보다 잘한 부분이 훨씬 많을 것이다. 완벽주의 성향이 강한 사람과 그렇지 않은 사람의 실수 빈도를 살폈을 때 큰 차이가 있는 것도 아니다.[3] 이는 선행 연구에서도 충분히 입증된 내용이다. 다만 스스로 가혹한 기준을 설정하고, 이로 인해 잘못한 부분을 확대 해석한 뒤 지나치게 자책하기 때문에 자기 잘못을 더 크게 느낄 뿐이다.

'잘해야 한다'라는 굳은 마음은 전혀 잘못된 게 아니지만, 여기에 집착하느라 정말로 잘한 부분을 제대로 보지 못하는 것은 문제가 될 수 있다. 어떤 상황에서도 성취감을 느끼기 어렵기 때문이다. 그렇게 되면 무언가를 열심히, 계속하는 게 오히려 어려워진다. 성취감은 우리가 어떤 행동을 할 때 의욕을 발생시키는 '동기 부여'와 깊은 연관이 있다. 동기 부여는 보상과 같은 외재적(외부적 영향) 차원으로 행동이 유발되는가 하면, 흥미나 즐거움, 성취감 같은 내재적(자발적인 동기화) 차원으로 움직이기도 한다. 그런데 만약 성취감이 없다면 어떻게 될까? 어떤 일에든 열정과 동기를 찾을 수 없어 쉽게 소진(번아웃) 상태에 빠지고 말 것이다.

기준을 합리적으로 바꾸는 방법 예시

*아래의 예시를 참고해 직접 작성해보세요.

이전 기준	새로운 기준
·업무 시 놓친 게 없어야 한다 ·사소한 실수도 허용할 수 없다 ·늘 모든 부분에서 잘해야 한다 · ·	·가장 중요한 부분을 꼽아 정리하고, 이 부분을 놓치지 않도록 집중한다 ·같은 실수를 반복하지 않도록, 실수를 통해 배운다 ·현실적인 상황을 고려해 우선순위를 정하고, 하나씩 순차적으로 해결한다
⋮	⋮

3주차 : 두려움의 뿌리를 찾아라

나는 스스로 완벽한 사람이라고 생각한 적이 한 번도 없다. 하지만 살아오면서 자주 불안감을 느꼈던 것을 보면 나 또한 완벽주의 성향이 지나쳤던 적이 많지 않았나 싶다. 전문의를 취득하고 대학병원에서 전임의, 조교수로 근무하면서 늘 앞만 보고 달려왔다. 대학병원에서 근무하는 동안에는 시간이 부족하다는 느낌을 자주 받았다. 진료 시간에는 환자와 상담하고 그 외 시간에는 의과대학생이나 전공의를 교육했으며, 와중에 논문까지 써야 했다. 결혼 후 새로운 가정을 이룬 뒤로는 퇴근 후 두 아들을 목욕시키고 가족과 함께하는 시간을 가지려 노력했다. 가족들이 잠든 시간에도 나는 해야 할 일들에 쫓겨 불안감에 잠들지 못했다.

그 시간에는 주로 논문이나 책을 쓰며 인지행동 치료 프로그램을 개발했다.

솔직히 뛰어난 교수, 좋은 아들, 좋은 남편, 좋은 아빠, 실력 있는 정신과 의사, 인지행동 치료 전문가 … 어느 역할에서든 좋은 평가를 받고 싶었다. 많은 성취를 이루고 싶었다. 나쁘지 않은 성과가 이미 어느 정도 있었고, 목표를 향해서도 잘 나아가고 있었지만, 더 큰 목표에 다가서려면 아직은 부족하다는 생각이 컸다. 조금 더 완벽하게, 더 나은 결과를 이루고 싶었다.

오랜 기간 나 자신을 압박했던 시간이 있었기 때문인지 나는 자연스레 완벽주의에 관심을 두게 되었다. 나처럼 몸과 마음이 모두 지친 사람들이 눈에 들어왔고, 우리 모두에게 더 나은 방법이 없을까 고민하는 단계에 이르렀다. 덕분에 완벽주의로 고민하는 환자들에게 관심을 가질 수 있었다. 그리고 이들의 치료를 적극적으로 도왔다. 이를 바탕으로 치유 프로그램을 고안했으며, 그것이 내 완벽주의 성향을 조절하는 데도 의미가 있다는 사실을 종종 느낀다.

✽ 부정적인 감정 들여다보기

우리 삶에서 불안이나 우울, 두려움 같은 부정적인 감정이 생기는 이유는 무엇일까? 인지치료 이론에서는 감정을 일으키는 주체를 상황이 아닌 '생각'으로 본다. 부정적인 감정은 곧 인지적 오류 때문에 발생한다는 것이다. 이렇게 감정을 일으키는 생각을 전문 용어로는 자동적 사고automatic thoughts라 부르는데, 자동적 사고로 인한 생각은 머릿속을 스쳐 그대로 감정을 생성한다. 그만큼 자주 왜곡된다.

쉬운 예로 우리는 상대방의 말이나 행동을 순간적으로 오해할 때가 있다. 가령 멀리 친구가 보여 인사했는데 힐끗 보더니 그냥 지나쳤다고 해보자. 그럼 속으로 '뭐지? 왜 나를 모르는 척하지?'라고 생각할 수 있다. 물론 그 친구가 일부러 모른 척했을 수도 있지만, 그저 거리가 멀어 제대로 얼굴을 알아보지 못했을 가능성도 있다. 그런데도 지레 '일부러 모른 척한 거야'라고 생각하며 상황을 곱씹으면 기분이 나빠진다. 이처럼 자동적 사고는 매우 빠르게 뇌를 관통해 부정적인 감정을 불러일으킨다.

두려움, 불안 같은 감정을 자주 느끼는 사람이라면 이 감정의 발생 과정을 잘 살펴볼 필요가 있다. 언제, 어떤 식으로 비합리적인 자동적 사고가 일어났는지 파악한다면 자신을 억압하는 문제

행동을 조금씩 바꿔 나갈 수 있다.

물론 자기 생각을 객관적으로 들여다보는 일이 말처럼 쉬운 것은 아니다. 비합리적인 기준을 깨달을 때 객관적인 입장에서 다른 완벽주의자의 기준을 듣고 생각해보는 게 도움이 되었던 것처럼, 비합리적인 사고를 파악하는 과정도 비슷하다. 내 생각을 직접 바라보기 어렵다면 타인의 완벽성을 바라보며 그들이 어떤 식으로 사고하는지를 곰곰이 들여다보는 과정이 큰 가르침을 준다. 현실에서 자신과 비슷한 성향의 완벽주의자를 만나기 어렵다면 온라인으로 여러 사람과 교제하며 생각과 고민을 나누는 게 도움이 될 수 있다.

이처럼 내 생각을 바꾸는 일은 어렵지만 나와 비슷한 상황을 겪고 있는 제삼자의 피드백은 객관적이고 합리적으로 다가오기 쉽다. 기본적으로 공감을 밑바탕에 두고 나누는 대화이기에 생각과 행동의 변화까지 기대해볼 수 있는 것이다.

☕ 혼자서 자동적 사고를 찾아보고 싶을 때

자신의 감정을 불러일으키는 생각이 어떤 것인지를 찾고 싶다면 인지행동 치료를 받아보는 것이 가장 좋다. 하지만 그럴 수 없는 여건이라면 정확한 방법을 배워 혼자서 자기 내면을 되짚어볼 수도 있다.

그저 앉아서 생각을 떠올리는 것보다 사고의 과정을 직접 손으로 적어보는 과정이 매우 효과적이다. 인지행동 치료를 쓰기 치료writing therapy라 부르기도 하는 이유다. 내가 속한 YD퍼포먼스 인지행동 치료 연구소에서도 완벽주의를 극복하기 위한 디지털 인지행동 치료 프로그램을 개발했는데, 병원을 방문하지 않아도 혼자서 자기 생각을 쓰며 인지를 교정해볼 수 있다. 퍼펙트 케어 사이트(www.yd-icbt.co.kr)의 내용을 참고하자.

실제 디지털 인지행동 치료를 진행했던 환자 중 우울감이 매우 높았던 재수생 D씨가 있다. 그는 늦잠을 자거나 아침나절에 불쾌한 일을 겪으면 그날 하루를 다 망친 것 같은 기분이 든다고 했다. 기분이 안 좋으니 공부에 집중도 안 되고, 그럼 또 자책과 우울감이 밀려왔다. 그가 왜곡하고 있는 사고는 '늦게 일어나면 하루를 망친 것이다'에서 비롯된다. 2장에서 완벽주의자가 흔히 빠지는 생각의 오류 네 가지(58쪽 참고)를 설명했는데, D씨의 이런 생각은 흑백논리 오류에 해당한다.

재수생 신분으로 병원에 자주 오기 힘들었던 그를 위해 나는 인터넷 인지행동 치료와 독서 요법을 병행하며 10주간 치료를 이어갔다. 이때 가장 결정적인 차도를 보이기 시작한 시점은 자기 생각을 직접 기록해보는 기록지를 작성하면서부터였다. 자동적 사고 기록지를 작성하며 자기의 생각을 찾고 평가하는 과정이 그의 왜곡된 사고를 바로잡는 데 도움이 된 것이다.

두려움과 불안의 뿌리를 찾아갈 때 인지치료 기법을 응용한 '마인드 매핑 기법'을 추천한다. 사고의 과정을 적고, 연이어 떠오르는 생각들을 화살표로 적어가며 확인하는 과정이다. 그렇게 항목과 항목을 이어가다 보면 시작할 때 생각과 끝에 다다른 생각이 비합리적으로 연결되고 있음을 스스로 알아차릴 수 있다. 완벽주의로 비합리적, 비이성적 생각이 반복되어 최악의 결과까지 확대되는 재앙화의 사고를 보이는데, 이를 눈으로 직접 확인하면 생각이 파국화하는 과정을 막을 수 있다. D씨의 상황을 마인드 매핑 기법으로 써 내려간다면 어떨지 예를 들어 설명하면 아래와 같다.

아침에 늦잠을 자면 하루를 망친 것 같다.

→ 오늘 내가 늦게 일어났기 때문에 오늘 하루 공부를 다 망칠 것이다.

→ 내가 늦게 일어난 한 시간 동안 경쟁자들은 더 많은 공부를 했을 것이다.

→ 이번 모의고사도 망했다.

→ 당연히 수능도 망할 거고 원하는 대학은 가지 못할 것이다. 취직도 못 해서 실패자가 되고 말 것이다.

사실 하루 늦잠을 잤다고 해서 D씨가 생각한 것처럼 일상이 파국을 맞이할 가능성은 매우 희박하다. 작은 실패나 실수가 전체 결과에 치명적인 영향을 미치는 경우는 드물기 때문이다. 실수를 반복하고 아무런 반성도 없다면 이는 문제가 될 수 있지만 실패나 실수를 통해 개선점을 찾아낸다면 오히려 성장의 기회로 삼을 수도 있다.

물론 인간은 다양한 생각의 오류로 부정적인 감정을 일으킬 수 있다. 하지만 우리가 왜곡된 생각을 정확히 파악해야 하는 이유는 그 생각을 놓으면 덜 괴로울 수 있기 때문이다. 조금 더 용기가 있다면 이 생각을 바꾸려는 시도도 해볼 수 있다.

지금 책을 읽고 있는 독자 여러분도 반복되는 자신의 사고 패턴을 찾는 것이 분명 도움이 될 것이다. 우리가 제공하는 자동적 사고 기록지로 현재 나를 붙들고 있는 생각이 무엇인지 찾아보자. 앞서 소개한 퍼펙트 케어 사이트로 접속해 디지털 인지행동 치료 프로그램에 참여하면 된다.

4주차: 실수에 대한 두려움을 버리고
계속 시도하기

2018년 2월 10일, 평창동계올림픽 여자 쇼트트랙 3,000미터 계주 준결승을 아직도 기억한다. 이날 경기가 내게 특별히 감동적이었던 이유는 여자 쇼트트랙 선수들이 1위를 차지했기 때문만은 아니다. 레이스 초반, 여자 쇼트트랙 대표팀 이유빈 선수가 넘어지는 일이 있었는데 이를 현명하게 대처했기에 더 인상 깊게 남은 것 같다. 아마 그 순간 당사자는 물론이고 주변 사람들, 중계를 지켜보던 국민들도 심장이 철렁했을 것이다. 어떤 이는 '이 경기는 이제 더 볼 이유가 없다'며 마음을 접었을 수도 있지만 선수들은 전혀 흔들리지 않았다. 넘어지는 순간 다른 주자가 바로 바통을 이어받아 흐름을 원상태로 돌려놓은 것이다. 그렇게 안정적인 레이스를 펼친 뒤 이들은 신기록을 세우며 조별 1위를 달성하고 결승에 진출했다.

쇼트트랙 경기와 완벽주의가 무슨 상관인지 의아한 사람들도 있을 것이다. 하지만 실수를 대하는 이들의 의연함은 우리가 지향하는 건강하고 안정적인 완벽주의의 모델을 그대로 반영하고 있다. 선수들은 '실수를 두려워하지 않기'를 넘어서서 차분한 대처로 경기 흐름을 놓치지 않았다. 스포츠는 0.1초와 같은 찰나의 순간으로도 승패가 결정된다. 그래서 쇼트트랙뿐 아니라 무용, 체조, 골프, 양궁 등 각 분야의 스포츠 선수들은 실수하거나 실패했던 경험이 트라우마로 남지 않도록 주기적으로 심리 코칭을 받는다.

☕ 실수를 두려워하지 않는 사람은 없다

운동선수만이 아니라 사람들은 누구나 실수를 두려워한다. 치명적인 실수는 때때로 내가 이루고자 하는 목표를 실패로 몰아가는 주요 원인이 되기 때문이다. 스포츠 국가대표 선수들은 기량을 펼칠 기회가 4년에 단 한 번 찾아온다. 그날을 위해 오랜 시간, 강도 높은 훈련을 받아왔으니 현장에서 일어나는 실수가 가

볍게 느껴질 리 없다. 하지만 누구도 실수를 완전히 벗어날 수는 없다. 그러니 실수가 생기지 않도록 노력하는 게 아니라 실수에 대한 중압감을 이겨내고 잘 대처하는 능력을 키우는 것이 더 중요하다.

우리가 흔히 아는 격언 중 '실패는 성공의 어머니'라는 말이 있다. 하지만 같은 실수를 반복할까 봐 극도로 예민해진 사람들에게 이 말은 자신과 동떨어진 공허한 말처럼 들린다. 왜 그럴까? 이미 그들의 마음속에 불안이 자리했기 때문이다. 흔히 뇌가 불안을 감지할 때 긴장감은 더 커지고 이 때문에 다른 실수가 연이어 발생한다. 이성을 담당하는 전두엽, 감정을 담당하는 편도체, 이성과 감정을 조절하는 전대상피질(뇌의 앞부분)의 기능이 과도하게 활성화되어 뇌가 적절한 선택을 하지 못하는 것이다. 실수 직후 갑자기 반응 속도가 느려지는 건 이런 이유에서다. 그런데 실수에 대한 두려움은 실수나 실패를 많이 경험한 사람이 더 많이 느낄까? 그렇지 않다. 오히려 실패한 적 없는 사람들이 더 크게 느낀다. 앞서 이야기한 것처럼 불안은 피할수록 증폭되는 감정이며 걱정도 마찬가지다. 실수를 피하려 할수록 그 감정이 더 커질 수 있다.

한편 실수를 대하는 사람들의 반응이 언제나 두려움, 불안으로 연결되는 것은 아니다. 어떤 사람은 이미 경험한 실수를 학습해 다시 실패하지 않으려 주의를 기울인다. 국가대표 선수들의 훈련 과정 역시 무수히 실수하고 실패하며 대처하는 법을 익히는 방식이다. 넘어지거나 속도가 나지 않을 때 어떻게 대처해야 하는지를 체득하는 것이다.

실패를 통해 배움을 얻는 뇌의 메커니즘을 참고하는 것도 도움이 될 수 있을 테다. 미국 서던캘리포니아대학교 조르지오 코르셀리Giorgio Coricelli를 비롯한 여러 분야 교수들로 이뤄진 연구팀은 실수가 반드시 회피 학습avoidance learning으로만 연결되는 것은 아니라는 가설을 세웠다. 회피 학습은 실수로 인해 생긴 부정적인 감정 때문에 다음에 실수할 상황을 무조건 피하게 되는 패턴을 말한다. 하지만 이 연구팀은 실패를 통해서도 무언가를 배울 수 있다는, 즉 보상 학습reward-based learning이 가능하다는 가설[4]을 설립했다.

실제로 이 실험에 참여한 사람들은 두 번의 실험 중 첫 번째에는 주어진 학습 과제의 정답을 맞히면 보상으로 돈을 받고, 그렇지 못하면 돈을 잃는 규칙(회피 학습 촉진)을 경험했다. 그리고 다음 실험에서는 실수하더라도(정답이 틀린 상황) 답을 찾아가는 과정에서 자기가 놓친 부분이 어디인지를 깨닫고 해답의 전 과정을 이해하도록 했다. 그러자 정답을 맞히지 못했어도 뇌의 보상 회로가 적극적으로 활성화하는 모습을 확인할 수 있었다. 보상 회로, 즉 쾌락 중추가 활발히 움직였다는 것은 실패의 상황에서도 우리 뇌는 충분히 보상을 느끼고 성장할 수 있다는 의미이기도 하다.

☕ 실수를 기회로 바꾸는 방법

실수를 과도하게 두려워하는 사람들은 실패나 실수가 자존감을 해치지 않도록 일부러 노력하지 않는 인지적 전략을 쓰기도 한다. 실패하더라도 자신의 실수를 정당화할 기회를 마련하는 것이다. 이를 자기 불구화self-handicapping라고 한다. 물론 이런 얕은 수는 일시적으로는 자존감을 지켜줄지 몰라도 근본적인 문제를 해결하는 데는 아무런 도움이 되지 않는다. 무엇보다 이 방식은 지속적이지 않다. 실수를 대처하는 가장 합리적인 방법은 그것으로 배움을 얻고 기회를 만드는 것이다. 실수 자체를 완벽히 통제할 수 없으니 실수 상황에 대처할 수 있는 능력과 민첩성을 배우자는 의미다. 앞에서 설명한 운동선수의 예처럼 말이다.

나도 5년 전, 실패감에 젖어 한동안 풀이 죽어 지낸 적이 있었다. '발표 불안'을 주제로 첫 강의를 시작했을 때였다. 지금이야 발표 불안과 무대 공포증에 대한 책도 쓰고 대기업 직원들을 대상으로 강의도 진행할 정도로 노련해졌지만, 처음 이 주제로 강단에 섰을 때 그 결과는 참담했다.

한 기업에서 사회공헌사업 중 하나로 주최한 발표 불안 강의는 대학생을 대상으로 진행되는 총 5주 프로그램이었다. 시작은 호기로웠지만 한두 주 지나면서 수강생 수가 점점 줄기 시작했다. 첫 수업 때 스무 명이었던 수강생은 다 어디로 가고, 마지막 수업 때는 다섯 명만 남았다.

'내 강의가 그렇게 별로였나?' '내가 무엇을 놓친 걸까?' '앞으로 대중 강연은 하면 안 되겠구나'와 같은 생각이 들면서 무척 괴로웠던 기억이 난다. 절망감을 느꼈다가 현실을 부정했다가 급기야 내 강의를 중간에 포기한 친구들을 원망하기도 했다.

솔직히 실패를 인정하고 싶지 않았고 현실을 부정하고 싶었다. 그래도 포기하지는 않았다. 마지막 수업까지 남아준 다섯 명의 학생들과 식사하며 내 수업의 장단점을 물어봤다. 그리고 강의를 주최한 대기업 담당자를 찾아가 중간에 그만둔 학생들의 솔직한 피드백을 받아보기도 했다.

그 결과 발표 불안을 극복하는 내 이론이 잘못된 것이 아니라, 강의 전달 방식이 흥미롭지 않았던 게 가장 큰 이유였다는 사실을 깨달았다. 처음 실패감을 느꼈을 때는 내 강의 전체가 쓸모없게 느껴지고 한술 더 떠서 부정적인 피드백이 내 능력 전체를 부정하는 것처럼 다가왔지만, 실패 요인과 장점, 개선점을 명확히 구분하고 보니 더 나은 방향으로 갈 수 있겠다는 확신이 든 것이다. 그 내용 또한 객관화할 수 있도록 최대한 구체적으로 적어보는 게 좋다.

자기 객관화 예시

*아래의 예시를 참고해 직접 작성해보세요.

기억에 남는 실수	발표 불안 첫 강의에서 이론 위주로 딱딱하게 강의 내용을 전달/ 청중들의 반응이 좋지 않았음
그때 들었던 생각	나는 강의에 소질이 없는 사람이다/ 앞으로 대중 강연은 하면 안 될 것 같다
당시 나의 대처	피드백을 바탕으로 딱딱한 이론 부분을 줄이고, 청중과 소통 및 체험하는 부분을 늘려야겠다/ 단점을 보완해 강의 프로그램을 수정함
실수로 배운 점	전공자와 비전공자를 대상으로 한 강의는 내용도, 전달 방식에도 차이를 둬야 한다는 사실을 배웠다/ 강의를 듣는 청중이 어떤 부분을 좋아하고, 싫어하는지를 인지하게 되었다

아무리 정신건강의학을 전공한 의사여도 이렇게 마음이 생각처럼 움직여주지 않을 때가 있다. 하지만 내가 배운 이론과 경험 덕에 실패와 두려움 앞에서 무너지지 않을 수 있었다. 앞에서 설명한 방법적인 접근도 중요하지만, 무엇보다 '포기하지 않고 꾸준히 시도하는 마음가짐'을 갖는 게 필요하다. 만약 내가 첫 실패 자체를 부정하며 현실에서 도망쳤다면 그다음 기회를 얻지 못했을 것이다. 이어서 진행한 다른 강의들, 집필의 기회마저 없었을지도 모른다. 실패를 다른 각도로 바라보면 언제든 다시 새롭게 도전할 수 있다.

5주차: 완벽하지 않아서 행복한 사람들

"저는 바뀔 수 없을 것 같아요. 다 틀렸어요." "머리로는 이해가 되는데 실천이 쉽지 않아요." "저는 정말 완벽주의자가 아닌데요!"

지금까지 우리는 이런 말을 자주 하는 완벽주의자들이 어떤 식으로 비현실적인 기준을 세우는지, 어떤 과정으로 부정적인 감정을 키워가는지, 그리고 어떤 식의 접근이 문제를 해결하는 데 도움 혹은 방해가 되는지 등을 두루 살펴봤다. 이제 남은 과정은 변화를 위해 행동하는 일이다.

완벽주의자들은 열정적이고 꼼꼼하다. 모든 사항을 검토하며 계획적으로 접근한다. 하지만 문제는 시도하기도 전에 포기한다는 것이다. 스스로 생각한 이상이 너무 커서 항상 '준비 중'인 상태에 머무른다. 이런 자세가 앞으로 나아가지 못하게 막고 있다는 것을 알면서도 완벽주의의 장점을 누구보다 잘 알고 있기에 쉽게 포기할 수 없다고 말한다.

하지만 내가 가진 완벽주의를 조절하는 과정이 성취나 성과를 아예 포기하라는 의미는 절대 아니다. 더군다나 완벽주의를 고집한다고 해서 항상 완벽한 결과를 내는 것도 아니다. 그러니 자신의 규칙, 자신의 계획에 너무 집착할 필요는 없다. 그 기준은 말 그대로 주관적인 해석일 뿐이기 때문이다.

☕ 완벽주의를 조절하는 현실적인 기법

완벽주의자들은 업무나 학업을 시작하기 전 미리 걱정하고 두려움을 가지는 경우가 많다. 완벽하게 해내고 싶기 때문에 그 일을 완료하기까지 어마어마한 노력과 시간이 든다고 생각하고 막막해하는 것이다. 회피형 완벽주의가 발생하는 이유이기도 하다. 하지만 이들이 시작을 망설이던 일들도 막상 해보면 생각했던 것보다 훨씬 더 적은 시간과 노력으로도 충분히 수행할 수 있는 경우가 많다. 이처럼 시작이 어려운 완벽주의자들을 위한 현실적인 기법을 한 가지 소개한다.

일을 시작하기 전 자신이 가지고 있던 생각과 업무를 완료하기까지 소요되는 예상 시간을 기록한다. 이후 업무를 모두 수행한 뒤에 느낀 자신의 생각과 실제 소요 시간을 기록하고 비교해보라. 분명 자신이 걱정했던 것과 비교해 훨씬 더 적은 시간과 노력이 들었을 것이다.

시작을 방해하는 요인을 제거하는 연습

주어진 과제	중간고사를 대비해 '심리학개론' 교재를 1회 정독하고, 장별로 요점 정리 노트를 만든다		
수행 전 생각	정독하는 데도 오랜 시간이 걸릴 텐데 노트까지 만든다면 시험 공부를 할 시간도 없을 것이다		
예상 소요 시간	7일	실제 걸린 시간	5일
수행 후 생각	생각보다 두 가지 일을 모두 끝내는 데 시간이 오래 걸리지 않았고, 노트를 만들며 오히려 공부가 된 듯하다		

완벽을 내려놓을 때 어떤 결과가 펼쳐질지 두렵다는 사람들에게는 다른 방법을 추천한다. 이는 높은 완벽성이 주관적인 삶의 만족도나 행복감으로 연결되는지 알아보는 하나의 실험이기도

하다. 이름하여 '반완벽주의 목록'을 작성하는 것이다.

이 방법은 스탠퍼드 의과대학교 교수 데이비드 번스 박사가 자신의 저서 《필링 굿》에 소개하면서 대중에게 알려졌다. 방법은 자신이 수행한 일들을 정리하고 '활동을 얼마나 잘했는지(0~100%)', '활동에 얼마나 만족했는지(0~100%)'를 평가해보는 것이다.

지난 3일 동안 나의 퇴근 후 일상을 예로 들면, 1) 화장실 전구 교체하기 2) 논문, 책 원고 정리하기 3) 아이들 목욕 시키기 정도로 요약할 수 있다. 그중 1번인 화장실 전구 교체하기는 일 자체의 완벽성은 60퍼센트에 그쳤다. 부끄러운 이야기지만 화장실 전구를 가는 데 30분이 넘는 시간이 걸렸으니 그 과정이 매끄러웠다고 볼 수는 없다. 비록 전구를 교체하는 과정이 완벽하지는 못했지만, 내 힘으로 교체한 뒤 화장실이 더욱 밝아졌다. 그래서일까 개인적으로는 매우 뿌듯했다.

반면 여느 때처럼 아이들을 재우고 책상 앞에 앉아 논문과 책 원고를 정리한 시간은 점점 완성도 높은 결과물을 향해 달려가는 듯 보였다. 그러니 완벽성 점수는 85퍼센트 정도 될 것이다. 하지만 내 만족도는 50퍼센트 정도로 그리 높지 않았다. 원고를 보면 볼수록 마음에 들지 않는 부분이 계속 나오고, 고쳐도 고쳐도 매끄럽지 않은 느낌이 들었기 때문이다.

이처럼 일의 완벽성과 만족도가 반드시 정비례하는 것은 아니다. 우리는 이 과정으로 완벽하지 않아도 만족스러울 수 있고, 완벽하더라도 만족도가 낮을 수 있다는 점을 깨닫게 된다. 이렇게 자신이 원하는 완벽에 도달하는 과정이 반드시 만족으로 연결되는 게 아니라면 조금 힘을 빼도 충분하지 않을까. 앞에서 배웠듯이 목표를 적절히 세우고, 힘을 조절하면서 계속해서 시도하면 완벽성도, 만족도도 같이 상승할 수 있을 것이다.

☕ 내 안의 안정형 완벽주의를 키우자

건강하고 안정적인 완벽주의를 다른 말로 '최적주의'라고 한다. 이는 심리학자 탈 벤 샤하르Tal Ben Shahar 교수의 저서 《완벽주의자를 위한 행복 수업》에 등장하는 개념으로, 완벽을 추구하는 대신 가능한 범위 내에서 최선을 다하는 삶의 방식을 의미한다. 우리는 직간접적으로 완벽을 고집하며 달려가고, 그 결과 나쁘지 않은 성과를 얻고도 허탈해지는 경험을 자주 한다. 대학 시절 내내 한 번도 한눈팔지 않고 스펙을 쌓아 남들이 인정하는 좋은 직장에 들어가고도 적성에 맞지 않는다는 생각에서 벗어나기가 힘들다. 또한 하루를 분 단위로 쪼개 쓰며 집안과 돌봄 노동, 커리어를 동시다발적으로 이루려는 워킹맘들은 '이렇게 사는 게 맞나?' 하는 의문을 던진다. 그렇기에 우리에게는 안정형 완벽주의가 필요하다. 자신이 원하는 목표를 향해 열정적으로 달려가면서도 지치지 않는 삶, 성취와 만족을 원동력으로 계속 성장하는 삶을 바란다면 이런 상태를 유지하려는 노력이 필요하다.

나 역시 내 안의 안정형 완벽주의를 키우기 위해 매일 노력 중이다. 스스로 조급해지려 할 때마다 '권토중래捲土重來'라는 사자성어를 떠올린다. 흙먼지를 일으키며 다시 돌아온다는 의미로, 실패해도 실력을 키워 다시 도전하면 된다는 의미다. 이는 중국 당나라 말기 시인인 두목의 《제오강정》에서 유래했다. 전쟁에 패하고 돌아오던 장군 항우에게 주변 사람들은 후일을 도모하라고 조언하지만, 영웅 중의 영웅이었던 항우는 수치심을 견디지 못해 결국 자살을 택한다. 두목은 그의 용맹함과 안타까움을 떠올리며 시의 마지막을 "권토중래했다면 결과는 알 수 없었으리라"라는 문장으로 마무리한다.

나와 함께 치료하는 이들 중에도 증상이 호전되었다가 한 번씩 악화하는 사례가 종종 있다. 공황 증상을 치료하려 여덟 차례 나와 상담을 진행한 휴학생 E씨도 그랬다. 공황장애와 우울증으로 학업에 집중하기 힘들어 휴학까지 한 뒤 적극적으로 치료에 임했던 그녀는 연인과의 이별로 다시 극심한 불안 증상을 겪기 시작했다. "모든 게 다시 원점이에요. 치료를 지속하는 것도 의미 없는 것 같아요." 그때 나는 그녀에게 '후퇴'가 반드시 실패를 의미하는 것은 아니라고 조언했다.

모든 학습 곡선learning curve이 그렇다. 계속해서 좋아질 수는 없다. 학습 곡선은 인간이 어떤 작업을 수행할 때 시간의 변화에 따라 어떻게 변화하는지를 도식화한 표이다. 처음에는 작업이 익숙하지 않으니 많은 시간이 들지만, 반복하고 몸에 익으면 거기에 드는 시간이 줄어든다. 하지만 이 곡선은 시간을 들인다 해서 능률이 언제나 상향하지 않는다는 사실도 알려준다. 최초 학습을 시작했을 때는 성과가 미비하다가 갑자기 가시적인 효과가 나타나는 시기가 있고, 그 이후 몇 차례 학습을 거듭해도 곡선이 지지부진할 때가 있다. 이때가 바로 사람들이 흔히 말하는 슬럼프 시기이다. 그 외에도 학습 곡선은 동기나 흥미, 연습량, 난이도 등 다양한 요인의 영향을 받는다. 곡선은 S자형을 이루기도 하고, 역 S자형이 되기도 한다.

그러니 전진하고 후퇴를 반복하더라도 굴하지 않고 나아가보자. 세 걸음 전진하고 한 걸음 후퇴했다고 해서 결과가 '0'은 아니지 않나. 돌아보면 출발한 지점에서 한 걸음이라도 멀리 나와 있는 자신을 발견할 수 있을 것이다.

걸음 수보다 중요한 것은 방향이다. 더 멀리 가기 위해 한 걸음 후퇴했다고 생각하면 마음이 조금 너그러워진다. 내가 항상 환자들에게 강조하는 것은 우리의 목표가 완벽주의 성향을 완전히 없애는 데 있지 않다는 점이다. 시간이 좀 걸리더라도 건강한 완벽주의의 비율을 늘리고, 건강하지 않은 완벽주의를 줄이는 것이 우리의 목표다. 부정적 자기평가를 합리적으로 교정해 자신을 균형 있게 바라볼 수 있다면 우리는 완벽주의를 더 긍정적인 방향으로 조절할 수 있다.

완벽주의자 대부분은 만족스럽지 않아도 무언가를 계속 열심히 하는 성향이 있다. 하지만 '만족감' '성취감'이라는 가치는 삶에 동력을 불어넣는 주요 요소다. 건강한 완벽주의의 비율을 늘리는 과정에서도 이 감정의 변화를 놓치지 않았으면 한다. 힘들어서 포기하고 싶은 마음이 들 때면 앞에서 말한 '반완벽주의 목록'을 고쳐 쓰며 현재 내 삶의 만족도에 초점을 맞추자. 더불어 노력의 결과까지 가는 길은 직선으로 펼쳐진 것이 아니라 꼬불꼬불한 길을 헤매고 때로는 넘어지면서, 혹은 한 걸음 물러섰다 다시 나아가면서 도달할 수 있음을 기억하길 바란다. 완벽주의를 내려놓을 때 우리는 비로소 완벽해진다.

6장 완벽을 내려놓고
완벽에 가까워진 사람들

행복한 똑똑이가 되는 진짜 비결

대한민국처럼 학구열이 높은 나라가 또 있을까? 나도 그랬고, 여전히 많은 학생과 학부모들이 어떻게 하면 공부를 잘할 수 있는지 궁금해한다. 사람들은 공부를 잘하려면 지능이 가장 중요하다고 생각하지만, 내 생각은 좀 다르다. 주변 상황에 흔들리지 않고 꾸준히 공부를 이어가기 위해서는 '멘탈'이 지능 못지않게 중요하다. 학업이란 기본적으로 단기간에 끝나는 것이 아니라서 그렇다. 공부할 때 원동력이 되어줄 심리적 기반을 미리 갖추고 있으면 스트레스의 영향을 덜 받게 된다. 결과적으로는 학업 번아웃, 불안, 우울 등의 심리 문제를 어느 정도 피해갈 수 있다.

학업 성취를 중시하는 학생일수록 불안을 많이 느끼는데, 완벽주의도 불안을 일으키는 심리 요인에 해당한다. 특히 자책형 완벽주의가 높은 학생들은 성적에 목을 매고 좋은 결과를 얻지 못했을 때 쉽게 실망한다. 그래서 학업을 지속하는 데 큰 어려움을 겪는다. 물론 목표를 향해 열심히 공부할 필요가 없다거나 좋은 성적을 받고 싶은 욕구 자체를 포기하라는 말은 아니다. 다만 더 좋은 성적이나 성취를 위해서는 안정된 정서가 꼭 필요하다는 말을 하고 싶다.

☕ 진짜 필요한 능력, 자기 효능감

심리학자 앨버트 반두라Albert Bandura는 개인이 어떤 일을 성공적으로 수행할 수 있고, 그럴 만한 능력이 있다고 믿는 신념을 '자기 효능감'이라고 정의했다.[1] 쉽게 말하면 어떤 일에 필요한 인지적, 행동적, 사회적 기술이나 능력을 자신이 이미 보유하고 있으며, 이를 적절히 활용해 주어진 과제를 잘 수행할 수 있다고 믿는 마음이 곧 자기 효능감이다. 성공이나 실패 경험에 따라 자기 효능감은 강화되기도 약해지기도 한다. 자기 존중감과는 조금 다른 개념이지만 이 신념은 '행동과 환경, 개인적 특성이 상호작용하며 학습이 일어난다'고 보는 사회인지 이론 측면에서 매우 중요한 가치관이다.

자기 효능감의 한 측면인 학업적 자기 효능감은 학업 과정에 필요한 자기 능력에 거는 기대 혹은 신념을 의미한다. 학업적 자기 효능감이 높은 사람은 도전적이며 진취적이다. 구체적인 목표를 설정하는 특징이 있으며, 자신을 객관적으로 관찰하고 판단할 줄 안다. 그러니 자신의 학습 능력을 믿고 끈기 있게 공부할 수 있는 것이다.

반면 완벽주의자는 기준이 늘 이상적이다 보니 학업 수행 결과가 아무리 좋아도 성취감이나 자기 효능감이 좀처럼 채워지지 않는다. 자기에게 가혹한 기준을 들이대는 특성 때문에, 무언가를 성취한 뒤에도 다른 이유를 붙이며 비관하기 바쁘다. 무언가를 이루었을 때 자신이 가진 능력과 노력 덕분임을 기쁘게 받아들이면 훨씬 행복할 텐데, 이 간단한 행복 공식이 적용되지 않는 것이다. 실패했을 때도 마찬가지다. 학업적 자기 효능감이 높은 사람은 객관적인 요인을 파악하는 등 건설적인 반응을 보이는데 반해, 완벽주의자는 자책하느라 시간을 다 보낸다.

미리 밝혔듯 나는 서울대학교 의과대학 학생들의 높은 학업 성취도와 심리 요인의 관계를 연구해왔다. 이 연구 결과 중에서도 학업적 자기 효능감과 함께 살펴볼 수 있는 유의미한 결과가 있다. 실제 완벽주의 척도가 그리 높지 않다는 특징 외에도 이들은 서울의 타 대학교에 재학 중인 학생들보다 '신경성neuroticism' 성격 경향이 매우 낮았고 시험 불안이 낮은 편이었다. 정서적으로 안정된 경향과 높지 않은 시험 불안이 그들의 높은 학업 성취도에 도움이 된다는 사실을 간접적으로 보여주는 귀한 결과가 아닐 수 없다.

☕ 타인이 아닌 자신을 위한 노력

학업적 자기 효능감이 높은 학생들은 도전적인 과제를 두려워하지 않고, 주어진 과제를 수행하고자 더 많이 노력한다. 그럴수록 성취감이 더 쌓이니 학습전략 또한 발전한다. 자기조절 능력도 같이 향상되어 여러모로 선순환의 구조로 달려가는 셈이다. 물론 완벽주의자도 이와 비슷한 긍정적인 정서를 여러 번 경험하면 학업적 효능감이 높아질 수 있다.

앞서 이야기한 선행 연구 결과처럼 완벽주의자의 실수 빈도나 양은 그렇지 않은 사람과 비교했을 때 큰 차이가 없다. 이는 완벽주의 성향이 강한 사람들이 자신의 실패나 단점을 더 크게 받아들여 스스로 자기 효능감을 낮춘다는 의미이기도 하다. 만약 아이가 그런 성향이라면 부모는 옆에서 장점과 단점을 객관적으로 바라볼 수 있게 조력해야 한다. 학교나 교사가 학생을 격려하고 도전적인 과제를 시도할 수 있는 환경을 조성해주는 것도 도움이 된다.

내 진료실을 찾아온 고등학생 A군도 그랬다. 그는 어릴 때부터 영재로 불렸고, 중학교 때까지만 해도 모든 시험을 충분히 감당할 수 있는 상태였다. 하지만 특목고로 진학한 뒤 혹독한 경쟁을 겪으며 자신감을 잃었고 무력감, 좌절감, 불안감에 시달리게 되었다. 그는 불안 증세가 너무 심해서 과제는커녕 학업을 이어갈 수 없는 상태였다. 결국 그는 휴학을 결심했다.

이럴 때 흔히 나타나는 감정은 '과도한 불안'이다. A군만 해도 상담 때 "과제나 시험 범위가 제 능력 밖의 일이었어요." "부모님 뵐 면목이 없어요." "더 해나갈 수 있을지 모르겠어요."와 같은 말을 자주 했다. 자신의 약점과 친구들의 장점을 늘 비교하며 앞으로 학업을 이어갈 자신이 없다는 거였다. 이때 나는 다른 친구들도 마찬가지라고, 완벽하게 준비해서 시험을 보는 사람은 없다며 그를 다독였다. 그리고 다른 사람보다 뛰어나다고 생각하는 본인만의 장점을 찾아갈 수 있도록 유도했다.

청소년 문학 베스트셀러로 꼽히는 《이토록 공부가 재미있어지는 순간》은 민족사관학교에 재학 중인 학생과 학부모가 반복적으로 읽는 책으로 유명하다. 이 책에 적힌 인상 깊은 구절 하나를 소개하고 싶다. "나에게 벌어진 일은 모두 잘된 일입니다. 내가 겪었던 모든 경험은 '좋은 배움'으로 새겨졌습니다. 설혹 경험할 때는 불쾌했거나 분노했거나 기분 나빴을지 몰라도, 나는 지나간 일로 불쾌해하거나 분노하거나 기분 나빠하지 않습니다. 지나간 일은 모두 잘된 일이니까요."

이 책을 쓴 박성혁 작가는 열다섯, 뒤늦은 나이에 공부를 시작했다. 중학교 시절 초등학교 문제집을 풀면서 자신의 빈 부분을 채워나가기 시작해 결국 서울대 법대, 연세대 경영대, 동신대 한의대에 동시 합격하는 영광을 맛봤다. 나는 이 책을 읽으며 학업 성취도가 좋은 사람들의 공통점을 또다시 발견했다. 이들은 누구보다 공부의 본질을 정확히 파악하고 있다. 앞의 구절에서도 드러나듯 공부는 누군가를 이기기 위한 과정도, 내가 위대한 사람이라는 것을 증명하는 숙제도 아니다. 공부와 노력의 결과는 세상 많은 일과 마찬가지로 경험을 쌓아 인격적으로, 사회적으로 더 성숙해지는 과정일 뿐, 타인에게 인정받는 수단이 될 수 없다.

이 책에는 작가의 단단한 심리적 기반이 느껴지는 여러 구절이 등장한다. 그것들을 읽으며 나는 '자신의 부족한 부분을 채워가며 얻는 성취감이 결국 자기 효능감을 높인다'는 사실을 재차 확인했다. 더불어 그 과정에서 오는 시련이나 부정적인 감정을 받아들이는 회복 탄력성이 무엇보다 중요함을 배울 수 있었다.

두 마리 토끼를 모두 잡으려면

B씨는 두 아이를 키우는 워킹맘으로, 은행에서 근무하고 있다. 성실한 태도에 꼼꼼한 업무 처리로 직장에서도 인정받고 있었으니, 주변에서는 그녀를 두고 '회사와 가정의 양립을 이룬 이상적인 워킹맘 모델'이라고 평했다. 하지만 동시에 회사는 그에게 점점 더 많은 것을 기대하기 시작했다. 특히 영업 압박이 심해져서 B씨는 일요일 저녁, 자려고 누우면 숨이 막히고 잠이 오지 않는 날이 이어졌다고 토로했다.

'월요병'에 공감 못 하는 직장인은 드물겠지만 육아와 일을 병행하는 워킹맘의 피로도는 더 심하기 마련이다. 엄마로서, 아내로서, 사회인으로서 실패 없이 살아가길 바라는 주변 기대 혹은 자발적인 노력은 시간과 에너지가 제한된 현실 속에서 가장 먼저 완화되어야 할 기준이 아닌가 싶다. 사실 '좋은 엄마' '인정받는 사회인'이라는 가치를 하나하나 떼어 보면 이 둘이 절대 달성할 수 없는 목표라 볼 수는 없다. 하지만 이 두 가지 목표를 '동시에 만족시키는 것'은 현실적으로 매우 어려운 과제이다.

☕ 역할 과부하에 시달리는 엄마들

일과 육아를 병행하는 완벽주의 부모 중에 현실적으로 불가능한 기준을 자신에게 적용해 고통받는 사람들이 많다. 변수가 많은 육아를 이유로 직장에 지장을 주면 남들에게 폐를 끼치는 것 같고, 직장 일로 가정에 소홀하면 부족한 부모가 되는 것 같아 이러지도 저러지도 못하는 것이다. 완벽주의 부모들은 두 가지 모두 잘하지 못했다는 이유로 자책하고, 때로는 어느 하나라도 제대로 챙기지 못한다며 자기를 가혹하게 깎아내린다.

최근에는 자녀 양육에 대한 책임이 여성에게 있다는 인식이 옅어지고 있지만, 여전히 워킹맘은 육아와 가사 업무의 상당 부분을 책임지고 있다. 이들은 자신을 책망하는 마음, 뭐 하나 제대로 챙기지 못하고 있다는 불안감, 수치심 등의 감정을 느끼면서 삶의 만족감이 떨어지곤 한다. 게다가 다른 사람에게 부정적으로 평가받고 싶지 않다는 마음, 사회에서도 어머니로서도 역할을 완벽히 수행해야 한다는 비현실적인 기준에 집착하면서 상황은 더 극으로 치닫는다.

이렇게 다양한 역할을 모두 잘 수행해야 한다는 강박은 부정적인 정서를 가져오기 쉽다. 특히 자책형, 회피형 완벽주의 성향이 높은 여성들은 불안 및 자책을 더 과하게 느끼는 경향이 있다. 다른 엄마들의 양육 방식과 자기 가정을 늘 비교하게 되고, 일도 양육도 더 잘해야 한다는 생각에 지쳐버려 오히려 아이들에게 쉽게 짜증을 내는 비일관적인 양육 태도를 보이기도 한다.

역할 과부하와 그로 인한 불안 및 자책이 치명적인 이유는 이 문제가 단순히 엄마 한 사람의 정신적 고통으로 끝나지 않기 때문이다. 엄마와 자녀는 늘 감정을 공유하고 상호 작용한다. 불안한 엄마와 아이의 관계에서 우리가 주목해야 할 부작용은 '불안정 애착'이다. 영국의 정신의학자 존 볼비John Bowlby가 제안한 애착 이론attachment theory에 따르면, 생애 초기 부모와 자녀 사이에 형성된 애착은 그 사람이 인생을 살아가는 동안 계속해서 영향을 미친다.[2] 애착 유형은 크게 안정형secure, 양가형ambivalent, 회피형avoidant, 혼란형disorganized로 나뉘는데 엄마의 불안감이 높거나 비일관적인 양육 태도를 보이면 양가형, 회피형, 혼란형 등의 불안정 애착 유형이 되기 쉽다.

✻ 버거운 말을 거절하는 연습

이 문제를 해결하고 싶다면 먼저 자신이 할 수 없는 일은 인정하고 받아들이며 해야 할 일의 우선순위를 정하려는 노력이 필요하다. 특히 자책형, 회피형 완벽주의에 시달리고 있는 여성이라면 사회생활과 가사, 돌봄 등 많은 부분에서 좋은 평가를 받고 싶은 마음이 매우 큰 상태다. 하지만 버겁거나 할 수 없는 일을 인정하고 명확히 거절하는 태도는 오히려 관계나 일의 원만함을 돕는다. 할 수 없는 일을 계속 붙들고 있다가 역할 과부하로 모든 영역에 문제가 발생하면 다 같이 힘들어질 수 있으니 말이다. 또한 도움을 받을 수 있는 지원군이 있다면 적극적으로 요청해야 한다. 아이를 돌보다 보면 현실적으로 혼자 힘으로 해결할 수 없는 일에 부딪힐 때가 많은데, 이를 스스로 감당하고 해결해야만 완벽한 엄마, 아내, 직장인이 되는 건 아니다.

완벽주의 성향이 높은 워킹맘의 자아 존중감은 양육 불안이나 양육 스트레스가 줄어들 때 회복된다. 자아 존중감은 이렇게 여러 가지 역할을 다 잘하려 애쓰는 완벽주의 워킹맘들에게 꼭 필요한 심리인데, 마음이 안정된 상태에서 작은 성취감이 조금씩 쌓일 때 높아질 수 있다.

'건강의 기반은 평범한 엄마가 자기 아이를 평범하고 사랑스럽게 돌보는 것에 있다'고 주장한 영국의 소아과 의사이자 정신분석학자인 도널드 위니코트Donald Winnicott의 말을 기억하는 게 도움이 될 것 같다. 그는 '충분히 좋은 어머니good enough mother'라는 개념을 주장하며 세상의 어머니들이 자녀에게 안정된 환경을 제공해야 함을 강조했다. 그리고 엄마들 대부분은 이런 자연스러운 돌봄의 기술을 이미 알고 있다고 말한다. 가령 엄마는 아이가 필요할 때 곁에 있어주거나 필요하지 않을 때 물러나는 등 아이가 안심할 만한 환경을 제공할 수 있다는 것이다.

"엄마가 되는 일을 이상화하기는 쉽습니다. 하지만 모든 일에는 나름의 좌절과 지겹게 반복되는 일과가 있고, 정말 더 이상 못하겠다 싶은 순간이 있다는 것을 우리는 알고 있습니다. 아이들을 보살피다가도 비슷한 생각이 들지 말란 법은 없지요."

이 문장은 도널드 위니코트가 2차 세계대전 당시 영국 BBC 라디오에서 진행한 육아 강연 내용을 일부 엮은 책《충분히 좋은 엄마Talking to Parents》에 등장한다. 그는 완벽한 엄마가 되는 것은 불가능하고, 그렇게 될 필요도 없음을 재차 강조했다. 이처럼 우리는 일이든 육아든 완벽한 결과에 집착할 필요가 없다.

자신을 둘러싼 기준과 압박을 극복하려는 워킹맘의 새로운 시도는 과거에도 있었고, 현재도 진행 중이다. 조금만 주의 깊게 주변을 둘러보면 좋은 워킹맘 사례를 발견할 수 있는데, 나는 딸 둘을 키우며 일하는 엄마로 살아온 심리상담자 박미라 박사를 모델로 추천하고 싶다. 그의 저서 《완벽하지 않아도 괜찮아》를 읽으면 육아의 개념부터 다시 생각할 수 있다. 그는 육아를 '완벽히 아이를 키우는 것'이 아니라 '부모와 아이가 만나서 함께 성장하는 과정'이라고 설명한다. 그리고 수많은 엄마들에게 다음과 같이 말한다.

"조금은 부족한 엄마가 되세요. 위대하고 완전한 엄마이기보다는 소박하고 인간적인 엄마가 되어주세요. 영원한 엄마가 되려 하지 말고 인간 대 인간으로 아이와 관계 맺으세요. 존경스러운 모습, 엄격한 모습뿐 아니라 미숙하고 실수 많은 모습도 보여주세요. 그것이 바로 인간적인 엄마입니다."

30여 년 동안 심리상담자, 치유하는 글쓰기 안내자, 칼럼니스트로 살아온 박미라 박사는 그 이전에 언론사 기자로 활동했다고 한다. 남편도 밤낮없이 바쁜 기자였으니 맞벌이 직장생활을 하는 동안, 그들의 육아 과정은 그야말로 전쟁이었을 것이다. 실제로 책에는 그가 워킹맘으로 살아가며 겪었던 '아이에게 화풀이하는 나' '살림도 못 하는 나' '인간관계도 원만하지 않은 나' 등 자책의 기록이 담겨 있다. 하지만 이제 그는 '아이를 키우는 일은 여성의 정체성과 의식을 성장시킬 좋은 기회'라고 당당히 말한다. 나 또한 더 많은 엄마들이 여성과 엄마 사이에서 균형을 찾아가며 진정한 성취감을 만끽하기를 간절히 바란다.

유니콘 기업의 건강한 조직 문화

2019년 가을 무렵, 나는 대학병원에서 직무 스트레스에 관한 연구를 진행하고 있었다. 번아웃을 주제로 연구하고, 진료실에서 환자를 진료하며 그들의 이야기에 귀 기울이고… 바쁘고 알찬 하루하루를 보내고 있다고 생각했지만, 이상하게 기분이 가라앉고 지친다는 느낌을 떨칠 수 없었다. 그들의 감정을 회복시키고자 노력했지만 내게 남는 것은 무력감과 비슷한 감정이었다. 번아웃으로 진료실을 찾은 환자들도 종래에는 이직이나 휴직을 택하곤 했다.

지금 생각해보면 인지행동 치료를 기반으로 번아웃에 빠진 사람들을 회복시키는 과정에서 그들이 겪는 한계를 같이 직면했던 것이 나의 감정에도 영향을 미쳤던 것 같다. 그 한계는 개인이 아무리 환경을 개선하고 변화시키려 노력해도 그가 속한 거대 조직이나 상사가 바뀌지 않으면 결과가 달라지지 않는다는 점이었다.

번아웃은 열정적인 완벽주의자가 목표 달성에 실패했을 때 자주 겪게 되는 부정적인 정서 중 하나이다. 사회는 번아웃을 개인의 문제로 치부하곤 하지만, 완벽주의를 연구하는 학자들의 견해는 조금 다르다. 완벽주의자가 흔히 겪는 번아웃, 불안, 우울 등의 원인을 조직의 구조적인 부분에서 같이 찾아야 한다는 것이다. 이는 번아웃은 제대로 관리되지 않은 직무 스트레스와 관련이 깊기 때문이다.

직무 스트레스는 개인적 요소뿐 아니라 직장 환경, 동료와의 관계, 보상 및 역할 갈등 등 조직적 측면을 두루 반영한다. 이러한 요소들이 직무 스트레스로 작용하면 근로자는 점점 일에 쏟아부을 에너지와 의욕을 잃게 된다. 번아웃 상태에 놓이게 되는 것이다.

☙ 조직이 개인의 퍼포먼스를 돕는 이유

진료실에서든 연구실에서든 비슷한 사례를 직간접적으로 계속 마주하다 보니 어느 순간 나도 그 무력감에 휩싸였던 것 같다. 그때 처음 이런 생각을 했다. '아, 직무 스트레스로 찾아온 번아웃을 완전히 극복하려면 결국 조직이 변해야겠구나.' 최근 직원들의 직무 스트레스에 관심을 두는 기업들이 꽤 늘어났다. 직장 내 전문 상담 프로그램이나 소통 창구를 마련해 조직 구성원의 사기나 일의 능률을 높이기도 하는데, 이럴 경우 생산성과 이윤이 높아지는 효과도 기대할 수 있다. 근로자 개인은 정서적인 문제를 해결해 만족감, 안정감, 행복감 등을 두루 얻을 수 있으니 진정한 '상생' 과정이라고도 부를 수 있지 않을까.

실제로 미국의 경우 정신건강의학과 의사들이 회사에서 근무하며 조직과 개개인의 퍼포먼스를 돕는다. 내가 감명 깊게 본 미국 드라마 〈빌리언스Billions〉만 해도 뉴욕 월 스트리트 소재 헤지펀드사에서 퍼포먼스 코치로 근무하는 정신과 의사 이야기가 나온다. 서울대학교병원 전임의로 근무할 때 동료들이 추천해준 드라마인데, 지인들 말로는 거기 등장하는 정신과 의사 웬디(매기 시프 분)가 나와 비슷한 점이 많다고 했다. 웬디는 헤지펀드사에서 근무하는 직원들의 정신적 문제를 관리하며, 이들이 안정적으로 일에 몰두할 수 있도록 돕는 역할을 한다.

이런 과정이 단지 영화 속에서만 일어나는 일은 아니다. 스타트업, 유니콘 기업이 대거 위치한 미국 실리콘 밸리에서도 구글,

페이스북 등 굴지의 기업들은 직원들의 정신 건강을 관리하기 위해 막대한 비용을 투자한다. 사내에 명상 프로그램을 마련하는 기업이 있는가 하면, 조직원의 정기적인 멘탈 관리를 돕고자 전문 멘탈 헬스케어 기업과 협약을 맺기도 한다.

나 또한 조직 내 직무 스트레스 요인을 줄여나가고 각자가 가진 능력을 극대화하는 과정에 윤활유 같은 존재가 되고 싶은 마음을 일찍부터 가지고 있었다. 우리나라도 삼성그룹 같은 대기업에서는 회사 내에 정신건강의학과 의원을 운영하며 직원들을 치료하지만, 아직 이런 필요를 전혀 느끼지 못하는 기업도 많다. 그런데 때마침 2019년 겨울에 내게 좋은 기회가 찾아왔다. 내 생각과 가치를 이해해줄 IT 기업을 만난 것이다.

당시 급성장하고 있던 한 스타트업 회사에서 조직 내 멘탈 관리를 위한 퍼포먼스 코치를 구한다는 소식을 접했을 때, '더는 번아웃으로 좌절하는 사람들의 이야기를 이렇게 앉아서 진료실에서만 듣고 싶지 않아'라는 마음이 가장 먼저 들었다. 안정적인 직장, 주변 상황을 다 내던지더라도 직접 조직에 들어가 문제를 분석하고, 해결 방안을 찾을 기회를 놓치고 싶지 않았다. 대표와의 만남과 대화에서 이런 내 의지가 잘 전해졌는지 다행히 나는 합격을 통보받았다. 덕분에 직무 스트레스에 시달리는 직장인의 현실적인 환경을 똑바로 마주할 수 있었다.

☀ 완벽하지 않은 조직 문화의 가치

나는 빠르게 성장하는 IT 스타트업 기업에 들어가 사람들의 원동력을 살피고, 이들의 퍼포먼스를 방해하는 심리적 요인을 제거하는 역할을 맡았다. 가령 열정적으로 일을 하고 싶지만 불안으로 그럴 수 없는 직원들에게 인지행동 치료를 시행하거나, 팀원들이 불만을 토로해 상처받는 팀장에게 부정적 평가에 대처하는 법을 코칭하는 식이었다.

사실 이런 전문적인 멘탈 관리법도 직원들의 정신 건강에 도움이 되었겠지만, 기본적으로 이 기업의 조직 문화가 매우 건강했다. 그렇기에 조직원의 직무 스트레스 관리가 훨씬 주도면밀하게 이뤄질 수 있었다. 단기간에 기하급수적으로 조직 규모와 매출액이 늘어났을 때, 보통은 조직의 숨겨진 문제가 드러날 수밖에 없음에도 여전히 건강히 소통하고 또 자주 변화하며 다음 단계로 나아갔다. 나는 그 비결 중 하나로 리더의 마인드를 꼽고 싶다.

다행히 최근 많은 스타트업 기업이 수평적인 기업 문화를 지향한다. '빠른 논의, 빠른 실행'을 중시하기에 뭔가를 결정하고 피드백이 오가는 시간이 길지 않다. 호칭도 따로 사용하지 않는다. 막 입사한 직원부터 회사 대표까지 모두 '○○ 님'으로 통일해 부른다. 그만큼 자유롭게 의견을 표명할 수 있고, 이 의견이 회사 변화에 잘 적용된다. 이런 기반은 조직을 이끄는 리더가 합의하지 않으면 만들어지기 어려운 부분이다.

사실 자기 사업을 이끄는 리더들은 대부분 조직이 자기 뜻대로 나아가길 선호한다. 특히 완벽주의 성향이 강한 리더(특히 감독형 완벽주의자)들은 하나부터 열까지 모두 통제하고 싶은 마음이 매 순간 올라온다. 그러니 직원들은 점점 윗사람을 꺼리고, 속마음을 편히 터놓지 못해 사회생활 자체에서 만족감을 얻지 못하는 것이다. 하지만 직원들이 조직의 성공, 조직의 이익을 자신의 성과로 느꼈으면 한다면 경직된 조직 문화부터 바꿔가야 한다.

건강한 조직문화에서 필요한 것은 바로 '실수를 두려워하지 않는 정신'이다. 완벽주의를 오랜 기간 연구해온 내 시각으로 봤을 때 이 지점은 이들이 이룬 성장의 원동력이라 불러도 절대 과하지 않다. '실수해도 괜찮은' 조직 문화는 우리가 익히 알고 있는 구글, 넷플릭스 같은 글로벌 기업에서도 시도하고 있는 제도이다. 이름하여 '실수 파티'다. 업무 수행 중 실수가 발생했을 때 동료를 탓하거나 지적하기에 앞서 "이 실수로 우리 조직이 무엇을 배웠지?"라고 질문하며 실수 자체를 학습하는 과정이다. 그리고 마지막에 그 실수를 자축하며 함께 기억하자는 의미로 소소한 파티를 연다는 것이다. 바로 이 문화 때문에 이들은 시도가 빠르고, 설령 실패했다 해도 거기서 배운 점을 바탕으로 또다시 새로운 영역에 뛰어들 수 있다. 실패를 두려워하는 조직은 새로운 시도나 연구보다 기존의 방식을 고수하기 바쁘다. 그대로 유지하려는 성향이 크니 당연히 지속 성장하기 어려운 구조가 될 수밖에 없다.

자책형, 회피형 완벽주의는 치열한 경쟁에서 더 좋은 성과를 얻으려 하는 우리 사회가 만들어낸 산물이 아닐까 하는 생각을 자주 한다. 심지어 창의적으로 보이는 연극, 무용, 음악 등 예술가 집단조차 완벽주의에 자유롭지 못하다. 이는 배우는 과정에서 끊임없이 실수를 지적받고 고치는 작업이 수반되기 때문이다. 병원에서 근무하는 의사들만 해도 그렇다. 열 번 잘한 일은 쉽게 잊히지만, 한 번 실수에 대해서는 매우 가혹하다. 예술계든 의료계든 실수가 결과에 미치는 영향이 너무 큰 것도 사실이다. 하지만 실수로 자주 넘어져야 어떻게 하면 넘어지지 않을지, 넘어지더라도 상처를 최소화할 수 있을지 깨달을 수 있다. 그런데도 우리 사회는 실수를 손실로만 생각하는 것 같다. 크고 경직된 조직일수록 이런 경향이 도드라진다.

사람이든 조직이든 실수가 있어야 성장할 수 있다. 실수하고 싶지 않은 마음이 너무 클 때 사람들은 대부분 어떤 일도 시작할 수 없는 상태가 된다. 즉, 성장과 발전을 기대할 수 없는 길이 펼쳐진다고 봐야 한다. 조직도 마찬가지다. "이런 실수는 절대 용

납할 수 없어"라며 직원의 실수를 과하게 지적하거나 부정적으로 평가한다면 더 많은 부분을 잃을 수 있다. 그렇다고 실수를 장려하는 조직이 되자는 말은 아니다. 같은 실수를 반복하는 것을 그대로 허용하자는 의미는 더더욱 아니다. 실수에 유연한 조직일수록 기대 이상의 결과에 다가설 수 있다는 사실을 잊지 말자는 의미다.

운동선수도 피할 수 없는 완벽주의

경기 한 번으로 승패가 결정되는 스포츠 선수들은 신체를 단련함과 동시에 흔들리지 않는 정신력을 기르려고 부단히 노력한다. 그래서 운동선수 중에는 유난히 완벽주의자가 많다. '정신이 육체를 지배한다The soul directs the body'는 명언은 운동선수에게 멘탈이 얼마나 중요한지를 보여주는 단적인 예라고 생각한다. 이렇게 완벽주의를 지향하는 선수들이 과도하게 스트레스를 받으면 경기 흐름에 지장을 줄 뿐 아니라 운동 자체에 대한 흥미가 떨어질 수 있다. 부정적인 생각과 감정을 끊어내지 않으면 결국 운동 중단, 수면 장애, 부상, 슬럼프 등 다양한 신체적·정신적 피해가 뒤따르게 되는 것이다.

평소 많은 시간을 강도 높은 훈련, 엄격한 스케줄, 위계질서 속에서 보내는 운동선수들은 스트레스를 풀거나 감정을 표출할 통로가 제한적이어서 스트레스가 더 큰 위험 요소로 다가온다. 운동선수가 경기에서 좋은 결과를 내려면 체력, 기술, 환경 못지 않게 심리적으로 시합에 몰입하는 자세가 중요한데, 스트레스가 선수의 경기 흐름을 방해할 수 있다. 특별히 완벽주의 성향이 강한 운동선수는 훈련, 경기, 수행 결과 등 예측할 수 없는 모든 상황을 통제하려는 욕구가 강해서 거의 매 순간을 스트레스에 노출된 채 보낸다. 그러니 당연히 목표 기준과 능력 사이의 균형이 무너지는 것이다.

☕ 운동의 흐름을 방해하는 큰 위기, 입스

완벽주의 선수들에게 찾아오는 가장 큰 위기로 나는 입스Yips를 꼽고 싶다. 입스란 특정 상황에서 선수에게 근육 이상 증상이 일어나 동작 수행에 어려움이 나타나는 현상이다.[3] 최근 학계에서는 운동선수의 신체적 문제뿐 아니라 수행 불안과 같은 심리적 요인이 입스에 영향을 줄 수 있다고 보고한다.

입스를 겪는 선수들은 대개 운동 동작을 수행하다가 가장 중요한 순간에 긴장이나 심리적 압박감을 느끼고 갑자기 근육 경련, 손 떨림 등의 통증을 일으켜 실패한 경험이 있다. 입스 현상이라 하면 대부분 골프선수를 떠올리지만 넓게 보면 야구, 농구, 배구, 더 나아가 성악이나 연주처럼 특정 동작이 결과를 좌우하거나 심리 기술이 중요한 분야라면 누구라도 입스를 겪을 수 있다.

1989년 미국 맥대니얼 키스McDaniel Keith 박사 연구팀이 펴낸 논문에 따르면, 운동선수들은 결승전이나 토너먼트처럼 최고의 수행력이 필요할 때 심리적 압박이 증가하면서 더 자주 입스를 경험한다고 한다.[4] 또한 골프의 경우 훈련을 많이 받아서 기술이 정교해진 선수일수록 더 자주 입스를 겪는다고 밝히고 있다. 실력이 향상될수록 심리적 압박감, 실수에 대한 불안감이 더 커지면서, 다시 말하면 완벽주의 성향이 높아지면서 근육이 긴장하는 신체적 불안 증상이 더 잘 나타나는 것이다.

대표적인 예가 2015년 '골프 황제' 타이거 우즈의 경기이다. 그는 홀이 코앞인 그린 안으로 공을 보내놓고도 연달아 실패하며 사람들 입에 오르내렸다. 이렇게 홀까지 거리가 매우 가까운 짧은 퍼팅은 비교적 간단히 공을 넣을 수 있는 조건이라서, 사람들은 그가 '칩 샷(가까운 거리에서 홀을 노리는 샷) 입스'에 빠진 게 아니냐며 의심했다. '남아공의 황태자'라 불리는 골프선수 어니 엘스도 입스에서 자유로울 수 없었다. 2016년 2월, 메이저 4승 등

미국프로골프PGA 투어에서 19승을 거뒀던 그는 출전하는 대회마다 50센티미터 안팎의 짧은 퍼트를 연이어 놓쳤다. 두 달 뒤 "입스를 극복했다."고 말하며 출전한 마스터스 토너먼트에서는 60센티미터 거리를 남기고 여섯 번이나 퍼트했다.

☻ 심리적 불안이 일으킨 신체적 증상

실제로 C양은 퍼팅 실수 후 입스가 찾아와 어머니와 함께 진료실을 찾아온 경우다. 170센티미터 키에 다부진 체격을 가진 골프선수 C양은 주변 선수나 지도자들에게 '긁지 않은 복권'으로 불렸다. 중고교 시절, 골프 유망주로 떠오른 그는 다른 선수들보다 긴 비거리를 자랑했고, 대회마다 우승을 독차지했기 때문이다. 그런데 그렇게 기대를 받던 중 중요한 대회에서 퍼팅 실수를 했고 이후 대회만 나가면 긴장해 제 실력을 발휘하지 못했다. 연습 경기에서는 입스 현상이 나타나지 않았는데 경기 도중에는 잘하려고 노력할수록 근육이 긴장되어 더 실수했다. 이런 과정이 거듭되자 경기 전날에는 거의 잠도 자지 못했다.

C양의 심리 기저에서 발견된 문제는 통제할 수 없는 상황에 대한 지나친 두려움이었다. 그는 경기장에서 정작 신경 써야 할

스윙이나 자세보다 바람, 주변 선수들의 성적 등 자기가 바꿀 수 없는 부분에 너무 많은 에너지를 빼앗겨 경기 자체에 몰입하지 못하고 있었다. 나는 그에게 "스코어 같은 결과나 외적 요인을 신경 쓰기보다 연습 때의 스윙과 자세를 본 경기에서도 유지하도록 집중하는 연습을 해보는 게 어떨까요?"라고 제안했다.

운동 수행 자세에 집중하고 그것을 잘 해내려는 마음은 결국 경기 집중력으로 연결된다. C양이 두려워하는 경기장의 상태, 바람 등은 변수 요인에 해당하니 대비는 하되, 신경을 덜 쓰는 게 좋다고 강조했다. 이런 상황에서는 불안을 완전히 없애야 한다는 생각, 마음이 편안한 상태에서 스윙해야 한다는 다짐도 불필요한 강박이 될 수 있다. 입스를 겪는 선수들을 진료할 때 나는 "적절한 긴장, 불안은 오히려 경기력을 높일 때 꼭 필요한 요소예요."라고 말한다. 이렇게 인지행동 치료로 변화를 맞이한 선수들은 완벽한 결과에 집착하는 마음을 어느 정도 내려놓게 된다. 그러면 그 뒤로 오히려 더 좋은 성과를 내기 시작한다.

프로 스포츠에서도 입스 경험을 오히려 기회로 만든 선수들의 이야기가 종종 들려온다. '바람의 손주' '타격왕' '타격 천재' 등 다양한 수식어가 따르는 키움 히어로즈 소속 이정후 프로야구 선수 사례를 들 수 있다. 그는 입스 현상으로 내야수에서 외야수로 전향한 경우다. 그가 겪은 입스는 송구 때마다 찾아왔다. 타구를 잡은 외야수가 다른 수비수에게 공을 던져야 상대편 선수를 저지할 수 있는데, 가까운 선수에게 송구하는 과정에서 늘 실패를 겪었다. 이를 눈치챈 감독이 그에게 외야수를 권했지만 처음에는 이 제안을 거부했다고 한다. 계속되는 입스에 '괜히 거절했다'며 후회하던 중 다시 기회가 찾아왔다. 외야수 선수 한 명이 부상을 입어 자연스럽게 외야로 나가 경기를 뛰게 된 것이다. 그는 공식 인터뷰에서 "외야로 나가면서 마음이 편해져 경기가 잘 풀렸고, 방망이도 잘 맞기 시작했다."고 말했다.

❀ 맹목적인 경쟁심에 사로잡히지 않으려면

스포츠뿐 아니라 주변의 기대가 높아질수록 압박감을 느껴 쉽게 경쟁심에 사로잡히는 사람들을 자주 만난다. 물론 이들은 자기가 가진 능력을 충분히 발휘하지 못해 자주 좌절감을 맛본다. 입스(운동선수가 겪는 입스 현상이 아니더라도 삶에서 겪는 모든 슬럼프가 결국 입스와 닮아 있는 것 같다)는 심리적 문제인데, 더 많은 시간, 더 혹독한 연습만이 살길이라고 생각해 과몰입하는 경향을 보인다.

정신의학에서 자주 등장하는 개념인 '수행 불안'은 중요한 순간에 과도한 긴장과 불안으로 자신의 실력을 발휘하지 못하는 것을 의미한다. 그럴수록 당사자는 더 당황하고 예민해져서 무기력, 피로감을 느끼기도 한다. 이를 해결하기 위해 최초로 심리 기술 훈련을 도입한 스포츠 종목이 야구이다.5 미국의 프로야구팀은 대부분 스포츠 심리학자를 고용해 선수들에게 멘탈 코칭을 제공한다.

멘탈 관리의 바람직한 예로 나는 류현진 선수를 자주 추천하곤 한다. 그는 실력도 뛰어나지만 '멘탈 갑' '강철 멘탈'로도 유명하다. 상대 선수에게 홈런을 허용하고도 평정심을 유지한 채 남은 경기에 임하기 때문이다. 한 경기에서 노히트노런(상대팀에게 안타를 한 개도 허용하지 않고 경기를 끝내는 것)에 가까운 경기를 펼치다 뼈아픈 2루타를 허용하여 기록이 무너진 적이 있었다. 보통 선수였다면 멘탈이 흔들리고도 남았을 테지만, 그는 큰 변화 없이 다음 타자를 상대해 위기를 막았다. 경기가 끝나고 류현진 선수에게 '강철 멘탈'의 비결을 물은 기자가 있었는데, 이때 그는 "지나간 실수보다는 다음 타자에 집중하려고 노력한다."고 답했다. 또한 "나는 제대로 던졌지만 그 선수가 더 잘 쳤을 뿐이다."라고 말하기도 했다.

좋은 성과를 낼 수 있는 강한 멘탈을 가지고 싶다면 가장 먼저 이런 자세를 배워야 한다. 내가 바꿀 수 있는 부분과 없는 부분을 명확히 구분하는 것이다. 우선은 투수가 정해진 코스에 맞게 정확히 공을 던지는 역량을 길러야겠지만, 상대 타자가 공을 잘 맞혀 홈런이 나왔다면 그것 또한 어쩔 수 없는 일에 해당한다. 우리 팀 수비수가 실수로 공을 놓치는 상황도 바꿀 수 없는 일이다. 집단 스포츠인 야구의 경우, 특히나 팀워크가 중요한데, 공격과 수비가 서로의 영역을 존중하고 각자의 영역에 집중하는 자세는 팀의 결속력을 위해서도 꼭 필요한 부분이다.

하지만 투수가 던진 공이 안타의 여지를 주었거나 수비가 뚫렸을 때 집중력, 정신력이 무너지는 선수들도 정말 많다. 야구 경기를 삶으로 옮겨 적용했을 때도 마찬가지다. 치명적인 실수나 예측하지 못한 상황으로 기대하던 성과를 이루지 못했을 때 어떤 사람들은 더 나아가지 못하고 주저앉기도 한다. 더 좋은 결과를 이루고 싶다면 지금부터라도 '바꿀 수 있는 것'에 몰입하는 연습을 해보길 권한다. 기억해야 할 것은 딱 두 가지다. 바꿀 수 있는 것들을 생각하기, 과정에 몰입하기.

내가 또 책을 쓴다고? 더구나 완벽주의에 대해서? 나는 결코 글을 잘 쓰는 사람이 아니다. 어린 시절부터 글이나 편지를 쓰는 것보다 말로 설명하는 게 더 편했다. 그만큼 책을 쓰는 전 과정이 어려웠다. 세련되고 지적인 느낌이 들도록 글을 쓰려고 할수록 더 미궁에 들어서는 기분이었다.

돌이켜보면 첫 책《나는 왜 남들 앞에만 서면 떨릴까》를 쓰는 과정도 순탄치 않았다. 노트북을 켜고 깔끔하고 완벽한 글을 적으려다 보니 어깨에 힘이 너무 들어가서 한 줄도 제대로 적지 못했던 날이 많았다. 필력에 자신이 없었기 때문에 쓰고 지우고를 반복했다. 방대한 시간을 들여 관련 논문 자료나 상담한 환자의 케이스를 정리하고 또 정리해야, 반복해서 글을 다듬어야 겨우

한 편, 한 편의 글이 완성되었다. 어찌어찌 첫 책이 만들어졌지만 또다시 내가 책을 쓰게 될 거라고는 생각하지 않았다. 그 주제를 '완벽주의'로 선택하기까지도 오랫동안 고민하고 망설였다.

그래서 이번에는 글을 잘 쓰기보다 사람들에게 '완벽주의'를 조절하고 행복에 다가서는 방법을 제대로 전달하는 데에만 집중하기로 했다. 사실 내가 완벽하게 글을 잘 쓸 필요도, 감각적인 미사여구를 구사할 필요는 없다. 독자들도 나에게 그런 부분을 기대하지는 않을 것이다. 그래서 이 책의 목적은 완벽주의자들의 마음을 제대로 헤아리기, 그들의 변화에 도움이 될 만한 현실적인 솔루션을 전달하기에 있다.

혼자서 쓴 책은 아니라고 생각한다. 나에게 도움을 청했던 완벽주의자들의 고민, 해결 방법을 함께 찾으면서 발견한 솔루션이 결국 한 권의 책이 되었다. 사실 내 환자들은 완벽주의로 심리적 어려움을 겪고 있었을 뿐, 각자의 분야에서는 나보다 훨씬 더 대단한 사람들이다. 그들의 이야기를 듣고 함께 고민을 해결하는 동안 나 역시도 그들 삶에서 많은 부분을 배우고 성장했다.

개인적으로 가장 큰 소득은 이 책을 쓰면서 늘 머릿속으로 구상만 하던 디지털 인지행동 치료(퍼펙트 케어®)를 연구 및 개발할 수 있었던 점이다. 막연히 어려울 거라고, 지금 당장은 힘들 거라고 생각했던 내 안의 회피형 완벽주의를 제대로 마주하며 극복해본 기분 좋은 경험이었다. 또한 지치고 힘들어하는 완벽주의자들에게 인지행동 치료 솔루션을 전달할 수 있어서 대단히 기쁘다.

책이 완성되기까지 많은 분들의 도움이 있었다. 완벽하지 않은 나를 완벽한 남편, 아들, 사위, 아빠로 생각해주는 우리 가족에게 사랑한다고 말하고 싶다. 덧붙여 나에게 완벽한 가족이 되어줘 고맙다는 말을 전한다. 예상보다 길어진 출판 과정에도 지치지 않고, 근사한 책으로 만들어준 담당 편집자 분들과 출판사 식구들에게도 감사 인사를 전한다. 퍼펙트 케어를 시작으로 디지털 인지행동 치료 개발의 역사적 순간을 함께하고 있는 이형준 원장, 이하 YD클리닉 및 YD퍼포먼스의 모든 식구들에게 감사하다. 그들이 있어서 얼마나 든든한지 모른다.

그 누구보다 이 책을 소중히 읽어줄 독자들에게 미리 감사의 말을 전하고 싶다.

"감사합니다. 그리고 완벽하지 않아도 정말로 괜찮습니다."

누구나 정도의 차이는 있지만 완벽주의적 성향을 가지고 있다. 내 안의 완벽주의를 잘 활용해서 건강한 완벽주의를 키워나

가면 우리가 꿈꾸는 '완벽'에 더 가까이 다가갈 수 있다. 그때 우리는 진짜로 못 할 일이 없을지도 모른다. 나처럼 글을 잘 쓰지 못하는 정신과 의사가 작가가 될 수 있었던 것처럼 말이다.

자신의 완벽주의를 외면한 채 힘들어하는 사람들에게 이 책이 더 나은 성과와 행복에 다가서는 데 작은 도움이 되길 바란다. 마지막으로 나를 위해 완벽해야만 했던 부모님과 외할아버지, 그리고 투병 중인 외할머니께 이 책을 바친다.

제1장 완벽주의자의 탄생

1. Frost, R. O., Marten, P., Lahart, C., & Rosenblate, R. (1990). The dimensions of perfectionism. Cognitive Therapy and Research, 14(5), 449–468.
2. Hewitt, P. L., Flett, G. L., Turnbull-Donovan, W., & Mikail, S. F. (1991). The Multidimensional Perfectionism Scale: Reliability, validity, and psychometric properties in psychiatric samples. Psychological Assessment: A Journal of Consulting and Clinical Psychology, 3(3), 464–468.
3. Ferrari, J. R., Johnson, J. L., & McCown, W. G. (1995). Procrastination and task avoidance: Theory, research, and treatment. Plenum Press.
4. Rhéaume, J., Freeston, M. H., Dugas, M. J., Letarte, H., & Ladouceur, R. (1995). Perfectionism, responsibility and obsessive-compulsive symptoms. Behaviour Research and Therapy, 33(7), 785–794.

제2장 완벽주의, 스스로 만든 정신적 감옥

1. Higgins, E. T. (1987). Self-discrepancy: A theory relating self and affect. Psychological Review, 94(3), 319–340.
2. Seung-hye Park., Seung-yeon Lee., THE KOREAN JOURNAL OF DEVELOPMENTAL PSYCHOLOGY, Vol. 32, No. 1, pp.105-126
3. Barber, B. K. (1996). Parental psychological control: Revisiting a neglected construct. Child Development, 67(6), 3296–3319.

4. Ellis A. (1957). Rational psychotherapy and individual psychology. J. Individ. Psychol. 13 38-44.

5. Burns, D. D. (1980). The perfectionist's script for self-defeat.Psychology Today, pp. 34–51.

제3장 완벽주의 성향이 높은 편입니다

1. Endler, N. S. (1965). "A behaviouristic interpretation of the psychotherapy system of Karen Horney": Corection. Canadian Psychologist/Psychologie canadienne, 6a(3), 245.

2. Hollender, M. H. (1965). Perfectionism. Comprehensive Psychiatry, 6(2), 94–103.

3. Burns, D. D. (1980). The perfectionist's script for self-defeat.Psychology Today, pp. 34–51.

4. Hyun-Ok, Oh., Jae Hyun, Son., Journal of Sport and Leisure Studies, 2009. Vol. 38, pp. 1127~1136

5. Hamachek, D. E. (1978). Psychodynamics of normal and neurotic perfectionism. Psychology: A Journal of Human Behavior, 15(1), 27–33.

6. Kohut, H. (1966). Forms and transformations of narcissism. Journal of the American Psychoanalytic Association, 14, 243–272.

7. Kernberg, O. F. (1975). Transference and countertransference in the treatment of borderline patients. Journal of the National Association of Private Psychiatric Hospitals, 7(2), 14–24.

8. Flett, G. L., Hewitt, P. L., Blankstein, K. R., Solnik, M., & Van Brunschot, M. (1996). Perfectionism, social problem-solving ability, and psychological distress. Journal of Rational-Emotive and Cognitive-Behavior Therapy, 14, 245-275.

9. Missildine, W. H. (1963). Your Inner Child of the Past. New York: Simon & Schuster.c

10. Tangney, J. P., & Dearing, R. L. (2002). Shame and guilt. Guilford Press.

11. Freud S. (1917). Mourning and Melancholia. The Standard Edition of the Complete Psychological Works of Sigmund Freud, Volume XIV (1914-1916): On the History of the Psycho-Analytic Movement, Papers on Metapsychology and Other Works, p. 237-58.

12. Bulik, C. M., Tozzi, F., Anderson, C., Mazzeo, S. E., Aggen, S., & Sullivan, P. F. (2003). The relation between eating disorders and components of perfectionism. American Journal of Psychiatry, 160(2), 366-368.

13. Maslach, C. (1982). Burnout: The Cost of Caring. Englewood Cliffs, NJ: Prentice-Hall.

14. Osborne, M. S., & Franklin, J. (2002). Cognitive processes in music performance anxiety. Australian Journal of Psychology, 54(2), 86–93.

제4장 완벽주의의 균형을 찾아서

1. Cannon, W. B. (1932). The wisdom of the body. W W Norton & Co.

2. Shin, H., Park, Y. M., Ying, J. Y., Kim, B., Noh, H., & Lee, S. M. (2014). Relationships between coping strategies and burnout symptoms: A meta-analytic approach. Professional Psychology: Research and Practice, 45(1), 44.

3. Rhéaume, J., Freeston, M. H., Dugas, M. J., Letarte, H., & Ladouceur, R. (1995). Perfectionism, responsibility and obsessive-compulsive symptoms. Behaviour Research and Therapy, 33(7), 785–794.

4. Hollingworth, L. S. (1942). Children above 180 IQ Stanford-Binet; origin and development. World Book.

5. Hewitt, P. L., & Flett, G. L. (1991). Perfectionism in the Self and Social Contexts: Conceptualization, Assessment, and Association with Psychopathology. Journal of Personality and Social Psychology, 60, 456-470.

6. Barrow, J. C., & Moore, C. A. (1983). Group interventions with perfectionist thinking. Personnel & Guidance Journal, 61(10), 612–615.

7. Frost, R. O., Lahart, C. M., & Rosenblate, R. (1991). The development of perfectionism: A study of daughters and their parents. Cognitive Therapy and Research, 15(6), 469–489.

제5장 완벽주의 극복 5주 프로그램

1. Martin M. S., Simon B. S., et al. (2019) Perfectionism and the five-factor model of personality: A meta-analytic review. Personality and Social Psychology Review, vol. 23, 4: pp. 367-390.

2. Roberts, B. W., Walton, K. E., & Viechtbauer, W. (2006). Patterns of mean-level change in personality traits across the life course: A meta-analysis of longitudinal studies. Psychological Bulletin, 132(1), 1–25.

3. Frost, R. O., Trepanier, K. L., Brown, E. J., Heimberg, R. G., Juster, H. R., Makris,

G. S., &Leung, A. W. (1997). Self-monitoring of mistakes among subjects high and low in perfectionistic concern over mistakes. Cognitive Therapy and Research , 21 (2), 209-222.

4. Palminteri, S.; Khamassi, M.; Joffily, M.; Coricelli, G.; (2015) Contextual modulation of value signals in reward and punishment learning. Nature Communications , 6 (8096)

제6장 완벽을 내려놓고 완벽에 가까워진 사람들

1. Bandura, A. (1997). Self-efficacy: The exercise of control. W H Freeman/Times Books/ Henry Holt & Co.

2. Bowlby, J. (1969). Attachment and Loss, Vol. 1: Attachment. Attachment and Loss. New York: Basic Books.

3. Smith, A. M., Adler, C. H., Crews, D., Wharen, R. E., Laskowski, E. R., Barnes, K. & Kaufman, K. R. (2003). The 'yips' in golf: Continuum between a focal dystonia and choking. Sports Medicine, 33, 13–31.

4. McDaniel, K. D., Cummings, J. L., & Shain, S. (1989). The "Yips": a focal dystonia of golfers. Neurology, 39(2), 192-192.

5. Jones, R. L., Wallace, M. (2005). Another bad day at the training ground: Coping with ambiguity in the coaching context. Sport, Education and Society, 10(1), 119–134.

완벽주의 극복
5주 프로그램 워크북

—— // ——

"건강한 완벽주의자는 힘들게 노력하면서도
진정한 기쁨을 느끼는 사람들이며, 지속적으로 일하면서
더 향상될 수 있도록 노력하는 사람들이다."

–심리학자 해머체크(1978)

당신에게 '완벽'이란 무엇을 의미하는가?

워크북 사용법

1. 이 워크북은 나의 완벽주의에 대해 알아보고, 이를 조절할 수 있게 도와줍니다. 끝까지 꼼꼼하게 기록할 경우 더욱 효과를 볼 수 있습니다.

2. 워크북에 있는 기록지는 한 번에 다 적지 않아도 괜찮습니다. 가이드를 따라 천천히 진행해보세요.

3. 278p~289p에 있는 기분 기록지는 하루에 한 번, 또는 각 페이지의 기록지에 답을 채우기 전후로 하나씩 적어보세요.

4. 워크북을 혼자 기록하기 힘들거나, 전문의의 구체적인 가이드와 함께 생각을 바꾸고 싶다면 www.yd-icbt.co.kr을 방문해보세요.

**주의사항: '완벽하게' 적으려 하지 말 것!

PART 1
인정하라

비현실적인 목표와 무결점을 추구하며 좌절감을 느끼는 당신, 알고 보면 완벽주의야말로 성과를 가로막는 장애물입니다. 자신의 완벽주의를 인정하는 것으로 변화의 소중한 첫걸음을 떼봅시다.

• **인정하라**

🍵 당신은 완벽주의자인가요?

아래 내용을 확인하고 나에게 해당하는 문장에 체크해봅시다.

☑ 내가 추구하는 기준, 목표가 어긋나면 지나치게 상실감을 느끼는가?

☐ 세세한 디테일에 집착하느라 중요한 것을 놓친 적은 없는가?

☐ 내 기준을 고수하다가 불편한 상황을 맞이한 적이 있는가?

☐ 어떠한 일을 시작하기 전 막막함 때문에 미루는 편인가?

☐ 마음대로 되지 않는 상황을 견디기 어려운가?

☐ 제대로 하지 못할 거면 아예 하지 않는 편이 낫다고 여기는가?

완벽주의는 없애는 게 아니라 조절하는 것이다!

✻ 나의 완벽주의 생각 구조 파악하기

아래 빈칸을 채워 문장을 완성해봅시다.

1. 나는 다른 사람에게 _____ 라고 평가받고 싶다.

2. 남들이 모르는 나의 두려움은 _____ 이다.

3. 내가 생각하는 완벽이란 _____ 이다.

4. 실수나 실패를 하면 _____ 할 것 같다.

5. 나 스스로 내가 잘했다고 느낄 때는 _____.

6. 내가 가장 닮고 싶은 사람은 _____ (이)다.

7. 나의 부모님은 _____ 다.

8. 건강한 완벽주의란 _____ 같다.

9. 나는 이 워크북을 통해 _____ 을(를) 기대한다.

인정하라

✹ 나의 완벽주의 뇌 구조 파악하기

내가 생각하는 완벽이란 어떤 것인지, 지금 떠오르는 생각들을 아래 그림에 채워넣어 봅시다.

예시

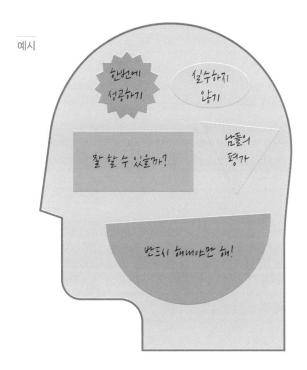

• 인정하라

☕ 나의 완벽주의 유형은?

앞의 검사를 바탕으로 나의 완벽주의 유형을 체크해봅시다. 나의
완벽주의를 더 자세히 파악하고 싶다면 **본문 40쪽**에 소개된 표를
참고하세요.

– 잠깐만요, 아직 시작할 수 없어요!

□ 회피형 완벽주의자

– 다들 나만큼한 하면 소원이 없겠네!

□ 감독형 완벽주의자

– 잘하고 싶지만, 나를 믿을 수 없어…

□ 자책형 완벽주의자

– 완벽에 가까운 완벽주의자

□ 안정형 완벽주의자

PART 2
기준을 바꾸라

자신이 완벽주의자임을 인정했다고 해서 모든 문제가 단번에 명료해지는 것은 아닙니다. 특히 완벽주의자들은 문제를 인식하면 갑자기 모든 것을 바꾸려 하는데, 비현실적인 기준을 현실적으로 바꾸는게 먼저입니다.

기준을 바꾸라

☀ 나의 완벽주의 기준 자세히 살펴보기

완벽주의자는 자신도 모르게 과도한 기준으로 자신을 압박합니다. '남들도 다 비슷하게 생각하겠지' 하며 스스로를 압박하는데, 그래서 자신의 기준을 살펴보는 것이 더욱 중요합니다. 평소에 드는 생각 중 영역별로 자신이 어떤 기준을 갖고 있는지 살핀 뒤 비현실적이거나 추상적인 기준은 아닌지 점검해봅시다.

학업/ 업무

∘ 누구나 인정하는 좋은 대학에 진학해야 한다.

∘ 남들에게 피해를 주지 말아야 한다.

∘ 내가 속한 집단에서 늘 상위권을 유지해야 한다.

외모/건강

○ 타인에게 인정받을 만한 외모를 유지해야 한다.

○ 날씬하고 예뻤으면 좋겠다.

○ 살이 찌면 안 된다.

대인관계

○ 어디에서든 적응할 수 있는 친화력이 있어야 한다.

○ 누군가에게 늘 도움이 되어야 한다.

○ 부정적인 감정 자체를 드러내지 않는 것이 좋다.

성공/행복

○ 남들에게 인정받을 만한 성과를 내야 한다.

○ 많은 돈을 벌어야 한다.

○ 누구에게나 인정받는 사람이 되고 싶다.

학업 / 업무

o

o

o

o

o

o

o

외모 / 건강

o

o

o

o

o

o

o

대인관계

- ○
- ○
- ○
- ○
- ○
- ○
- ○

성공 / 행복

- ○
- ○
- ○
- ○
- ○
- ○
- ○

• 기준을 바꾸라

☕ 나의 완벽주의 기준 바꾸기

자책, 미루기, 실수에 대한 두려움은 사실 나의 높은 기준 때문일 수
도 있습니다. 나를 실패자로 만들고, 마음을 조급하게 만드는 나의
기준을 골라보고 새로운 기준으로 바꾸어봅시다.

이전 기준

1 내가 속한 집단에서 늘 상위권을 유지해야 한다.

2 많은 돈을 벌어야 한다.

3 살이 찌면 안 된다.

4 어디에서든 적응할 수 있는 친화력이 있어야 한다.

윤닥이 알려주는 기준을 바꾸는 TIP

1. 현실적인 기준을 세우자

2. 구체적인 기준이어야 할 것

3. 우선적으로 달성해야 할 목표부터 차근차근!

새로운 기준

1 내가 잘 하는 영어와 음악에서는 5등 안에 들려고 노력하자.

2 가족이 갑자기 아플 때 치료할 수 있는 정도의 돈을 번다.

3 현재 몸무게에서 2kg 이상 늘지 않도록 주의한다.

4 어디에서든 한 명 이상의 사람에게 말을 건다.

이전 기준

○

○

○

○

○

○

○

새로운 기준

○

○

○

○

○

○

○

이전 기준

○
....

○
....

○
....

○
....

○
....

○
....

○
....

새로운 기준

○
....

○
....

○
....

○
....

○
....

○
....

○
....

이전 기준

o

o

o

o

o

o

o

새로운 기준

o

o

o

o

o

o

o

PART 3

두려움의
뿌리를 찾아라

완벽주의자들은 감정마저도 완벽히 통제해야 한다
고 생각하고 부정적인 감정을 무조건 억누르려고
합니다. 하지만 부정적인 감정은 억누르는 것이 아
니라, 어느 정도 인정하고 조절하는 편이 좋습니다.
PART3에서는 우리의 감정을 조절하는 인지행동
기법에 대해 배워봅시다.

두려움의 뿌리를 찾아라

✤ 생각의 오류 찾기

다음은 완벽주의자가 겪게 되는 생각의 오류입니다. 생각의 오류를 알고 구분해봅시다. 더 정확하게 구분할 방법을 배우고 싶다면 **본문 58쪽**을 참고하세요.

☑ 당위성should의 오류

'~해야 한다'는 생각에 빠져 스스로를 압박하고 채찍질하는 상태입니다. 목표에 도달하지 못했을 때 우리를 자책이나 수치심에 빠뜨리는 주범이라 할 수 있습니다.

☑ 흑백논리의 오류

모든 상황을 성공 아니면 실패라는 이분법적인 사고로 처리하곤 합니다. '하려면 제대로 해야 하고 그렇지 못할 바에야 안 하는 게 낫다'고 생각하게 만드는 겁니다.

☑ 지나친 일반화

한 번 일어난 일은 계속 반복될 것이라 믿습니다. 좋지 않은 평가를 한 번 받으면 앞으로도 계속 그럴 것이라 믿는 경우가 이에 해당합니다.

☑ 재앙화

항상 최악의 상황이 발생할 것을 예상하며 극단적인 결과만을 생각하는 경우입니다.

• 두려움의 뿌리를 찾아라

✱ 자동사고 기록지

내 생각의 흐름을 기록해 스스로의 상태를 파악해봅시다. 아래 예시를 참고해 같은 방식으로 직접 기록해보세요.

(예시)

✻상황(누가 어디서 무엇을?)

심리학개론 수업, 강의실, 40명쯤 되는 학생들 앞, 강단에 올라 조별 과제 발표를 해야 한다.

✻그 당시의 기분 (0-10점)

불안 10   초조 8

✻어떤 생각이 떠올랐나요?

잘해야 한다, 실수라도 하면 사람들 앞에서 망신당하고 친구들 얼굴 보기가 부끄럽다, 발표를 제대로 못 하면 함께한 조원들이 나를 비난할 것이다.

＊그때 떠오른 이미지는?

조원들이 나를 두고 쑥덕거리는 모습, 긴장하지 않고 발표했던

다른 사람들과 다르게 떨고 있는 바보 같은 내 모습, 답답해하는

교수님.

＊내가 어떤 사람이라는 생각이 들었나요?

발표도 제대로 해본 적 없는, 쑥스러움이 많은 사람.

＊최악의 경우 어떤 일이 일어날 것이라 예상하나요?

조원들이 나에게 싸늘하게 대하고 우리 조가 안 좋은 성적을 받

을 것이다.

＊나의 자동사고

발표할 때 부끄러워하면 안 된다(당당하게 해야 한다), 실수하면

사람들이 좋아하지 않을 것이다.

* 상황(누가 어디서 무엇을?)

○

○

○

○

* 그 당시의 기분 (0-10점)

○

○

○

○

* 어떤 생각이 떠올랐나요?

○

○

○

○

* 그때 떠오른 이미지는?

○

○

○

* 내가 어떤 사람이라는 생각이 들었나요?

○

○

* 최악의 경우 어떤 일이 일어날 것이라 예상하나요?

○

○

○

* 나의 자동사고

○

○

○

* 상황(누가 어디서 무엇을?)

○

○

○

○

* 그 당시의 기분 (0-10점)

○

○

○

○

* 어떤 생각이 떠올랐나요?

○

○

○

○

* 그때 떠오른 이미지는?

◦

◦

◦

* 내가 어떤 사람이라는 생각이 들었나요?

◦

◦

* 최악의 경우 어떤 일이 일어날 것이라 예상하나요?

◦

◦

◦

* 나의 자동사고

◦

◦

◦

• 두려움의 뿌리를 찾아라

❀ 마인드 매핑 기법

꼬리에 꼬리를 무는 부정적 생각! 그 고리를 끊어봅시다. 마인드 매핑을 사용해 마음이 향하는 길을 객관적으로 확인하다 보면 우리의 생각이 어떻게 부정적인 결론에 이르는지 파악할 수 있고, 이를 끊어 낼 수도 있습니다.

(예시 1)

자동사고 (핵심 생각)	아침에 늦잠을 자면 하루를 망친 것 같다.
↓	오늘 내가 늦게 일어났기 때문에 오늘 하루 공부를 다 망칠 것이다.
↓	내가 늦게 일어난 한 시간 동안 경쟁자들은 더 많은 공부를 했을 것이다.
↓	이번 모의고사도 망했다.
재앙화 사고 (생각의 결과)	당연히 수능도 망칠 거고, 원하는 대학에도 진학하지 못할 것이다. 결국 취직도 하지 못해 인생의 실패자로 끝나고 말 것이다.

마인드 매핑 노트

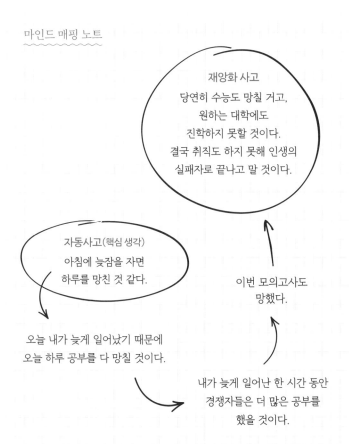

재앙화 사고
당연히 수능도 망칠 거고,
원하는 대학에도
진학하지 못할 것이다.
결국 취직도 하지 못해 인생의
실패자로 끝나고 말 것이다.

자동사고(핵심 생각)
아침에 늦잠을 자면
하루를 망친 것 같다.

이번 모의고사도
망했다.

오늘 내가 늦게 일어났기 때문에
오늘 하루 공부를 다 망칠 것이다.

내가 늦게 일어난 한 시간 동안
경쟁자들은 더 많은 공부를
했을 것이다.

자동사고 (핵심 생각)	
↓	
↓	
↓	
재앙화 사고 (생각의 결과)	

자동사고 (핵심 생각)	
↓	
↓	
↓	
재앙화 사고 (생각의 결과)	

마인드 매핑 노트

마인드 매핑 노트

실수에 대한 두려움을
버리고 계속 시도하기

누구나 실수나 실패를 두려워합니다. 특히 완벽주

의자는 실수나 실패에 대한 두려움을 과도하게 느

끼며, 이를 피하려고 시작조차 망설이는 경우가 많

습니다. 하지만 이러한 태도는 우리를 완벽에서 더

멀어지게 합니다. 이번 챕터에서는 실수를 기회로

바꾸는 법을 배워봅시다.

● 실수에 대한 두려움을 버리고 계속 시도하기

☀ 실패의 재해석

나를 위축시키는 과거의 실패를 재해석해봅시다. 이 과정을 통해 나를 옥죄는 완벽주의와도 건강한 관계를 맺을 수 있습니다. 아래 예시를 참고해 같은 방식으로 직접 기록해보세요.

(예시)

* 기억에 남는 실수

면접관의 질문에 아는 체하며 대답했지만, 사실 질문의 의도와
다른 대답이어서 면접관의 반응이 싸늘했다.

* 그때 들었던 생각

나를 얼마나 이상한 사람으로 볼까? 면접에 합격하지 못할 것이
분명해.

* 당시 나의 대처 방법

면접관의 눈을 마주치지 못하고 계속 횡설수설했다.

* 만약 같은 실수를 반복한다면, 어떻게 대처해야 할까?

내가 잘 모르는 질문이다, 혹은 질문의 의도를 정확히 파악하지

못했다고 설명하고 다시 질문해달라고 솔직하게 답한다.

* 기억에 남는 실수

○

○

○

* 그때 들었던 생각

○

○

○

* 당시 나의 대처 방법

○

○

○

* 만약 같은 실수를 반복한다면, 어떻게 대처해야
   할까?

○

○

○

• 실수에 대한 두려움을 버리고 계속 시도하기

❊ 실수 기록지

실수는 누구나 저지를 수 있는 것입니다. 실수를 실패로 끝내지 않기 위해 나의 실수를 기록하고, 이를 통해 무엇을 배웠는지 작성해봅시다. 아래 예시를 참고해 같은 방식으로 직접 기록해보세요.

(예시)

날짜: 2022.05.05.   장소: 버스 안

어떤 실수를 했나요?: 교통카드인 줄 알고 들고 온 카드가 결제가 안 된다는 사실을 깨닫고 황급히 버스에서 내림.

실수로 배운 것: 카드를 사용한 뒤에는 항상 제자리에 둘 것.

날짜: 2022.05.11.   장소: 회사

어떤 실수를 했나요?: 부장님이 챙겨 달라고 했던 회의자료를 집에 두고 출근함.

실수로 배운 것: 다음날 필요한 자료는 미리 챙겨두고, 한 번 더 점검하자

날짜: 　　　　　　　　　　　장소:

어떤 실수를 했나요?:

실수로 배운 것:

날짜: 　　　　　　　　　　　장소:

어떤 실수를 했나요?:

실수로 배운 것:

날짜: 　　　　　　　　　　　장소:

어떤 실수를 했나요?:

실수로 배운 것:

PART 5
완벽하지 않아서
행복한 사람들

높은 기준 설정, 미루기, 부정적인 자기 평가로 우울, 불안, 강박 등을 얻은 사람들. 이들은 머리로는 바뀌어야 한다는 사실을 잘 알지만, 실천을 늘 어려워합니다. 이러한 어려움을 직면해본 완벽주의자들이라면 반드시 행동을 통해 변화를 경험해야 합니다. 지금 당장 행동하지 않으면 변화를 만날 수 없습니다.

• 완벽하지 않아서 행복한 사람들

☕ 완벽 관찰 일지

완벽보다 값진 완성! 무슨 일을 하든 완벽해야 한다는 생각은 오히려 완벽에 가까워지는 것을 방해합니다. 완벽보다는 완성이 먼저라는 생각으로 일단 시도한 뒤, 그에 따른 기분을 살펴봅시다. 아래 표를 채워보세요.

• 반완벽주의 기록지

한 일	완성도(%)	만족도(%)
헬스 PT	20% 근력도 약하고, 자세를 취하기도 어려웠다.	90% 운동을 마치고 땀을 흘리고 나니 뿌듯했고, 성취감도 크게 느꼈다.
논문 쓰기	90% 집필이 거의 완성 단계이며 투고 직전 상태다.	40% 확인하면 할수록 계속 부족하고 고칠 것 투성이다. 투고를 한다 해도 거절당할지 모른다.

• 계획과 실행 차이 기록지

활동		미뤄왔던 창고 정리를 드디어 했다.
수행 전	내 머릿속 생각	창고에 짐을 다 빼고 제대로 청소하려면 보통 일이 아닐 거야.
	예상 소요 시간	6시간
수행 후	내 머릿속 생각	내 생각보다 정리할 짐이 그리 많지 않아 금방 끝났고, 마치고 나니 상쾌했다.
	실제 소요 시간	3시간

• 반완벽주의 기록지

한 일	완성도(%)	만족도(%)

• 계획과 실행 차이 기록지

활동		
수행 전	내 머릿속 생각	
	예상 소요 시간	
수행 후	내 머릿속 생각	
	실제 소요 시간	

활동		
수행 전	내 머릿속 생각	
	예상 소요 시간	
수행 후	내 머릿속 생각	
	실제 소요 시간	

• 계획과 실행 차이 기록지

활동		
수행 전	내 머릿속 생각	
	예상 소요 시간	
수행 후	내 머릿속 생각	
	실제 소요 시간	

활동		
수행 전	내 머릿속 생각	
	예상 소요 시간	
수행 후	내 머릿속 생각	
	실제 소요 시간	

완벽하지 않아서 행복한 사람들

❋ 기분 관찰 일지

자신의 완벽성을 관찰하듯이 기분과 감정의 변화를 살펴봅시다. 나는 어떨 때 우울감을 느끼고, 어떤 활동을 하면 기분이 개선되는지 확인해볼 수 있습니다. 자신을 객관적으로 관찰하고 부정적 감정을 억누르려는 감정적 완벽주의에서 벗어나 진정한 자유를 누리시길 바랍니다.

📋 기분 관찰 일지

년 월 일 (외래 방문 날짜에 O로 표시해주세요.)		1	2	3	4	5
매사에 자신감이 넘치고, 잠을 적게 자도 덜 피곤한 상태.	3					
말이나 하고 싶은 게 많고 의욕, 자신감에 차 있다.	2					
기분이 좋고, 즐겁고, 신나며 의욕적이다.	1					
기분이 보통이고 편안한 상태.	0					
시큰둥하고 의욕이 다소 떨어지나, 할 일은 할 수 있다.	-1					
좀 우울하고, 자신감과 의욕이 별로 없다. 일상생활에 약간 지장이 있다.	-2					
꽤 우울하고 처진다. 외출, 쇼핑 등 사회생활에 뚜렷한 지장이 있다.	-3					
총 수면 시간						
체중(kg, 매주 일요일에 기록)						
월경(생리 기간에 V 표시)						
음주(마신 날에 종류와 양 함께 표시)						
폭식(폭식한 날 V 표시)						
공황 및 신체 불안 증상(증상이 있는 날 V 표시)						
운동(운동한 날 V 표시)						
약 복용 후 불편한 점을 적으세요.(약물 부작용)						

♦ **특별한 생활 사건(상황)과 당시 떠오른 생각, 감정을 적으세요.**

날짜	생활 사건(상황)

	11	12	13	14	15	16	17	18	19	20	21	22	23	24	25	26	27	28	29	30	31

떠오른 생각	감정

안정형 완벽주의를
키우고 있는
당신에게

완벽주의자들에게 완벽주의를 바꿔야 한다고 하면 대부분 '포기'라는 의미로 받아들이면서 당황하는 경우가 많습니다. 그러나 완벽주의를 포기하라는 것이 아니라, 안정형(건강한) 완벽주의를 키우고, 역기능적 완벽주의를 줄이는 방향으로 가면 누구나 좋은 성과를 낼 수 있고, 삶의 질이 더 좋아질 수 있다는 의미입니다.

그 핵심적인 방법은 정신의학에서 인정받는 인지행동 치료인데, 이미 여러 연구 논문에서 효과가 확인되었습니다. 저 또한 많은 환자들을 만나며 그들과 함께 이 치료의 효과를 경험했습니다. 병원에 오지 않고도 누구나 자신의 완벽주의를 조절해볼 수 있도록 책과 워크북, 디지털 치료 프로그램을 만들었습니다. 이 책과 워크북이 여러분의 완벽주의를 더욱 건강한 방향으로 안내해주기를, 그래서 완벽에 가까운 성과를 이루기를 진심으로 응원합니다.

정신과 의사 윤닥 드림